逻辑人生

哥德尔传

A Life of Logic

Gödel

〔美〕约翰·L.卡斯蒂 〔奥〕维尔纳·德波利 著

刘晓力 叶闯 译

上海科技教育出版社

对本书的评价

◇

这本神奇的书一下子让哥德尔和他周围的一切活生生地展现出来,它以深入而敏锐的笔触透析了哥德尔思想的意义及其智慧遗产。绝对值得一读!

——格雷戈里·蔡廷(Gregory Chaitin),

IBM 沃森研究中心,《不可知》(*The Unknowable*)一书的作者

◇

这是科学发现的一次奇妙旅行,使我们跃出了逻辑的边界,又深入人之内心去探索哲学的未知领域。本书是清晰的思维能力和想象力的极品。

——伊恩·斯图尔特(Ian Stewart),

《上帝掷骰子吗?》(*Does God Play Dice?*)的作者

◇

哥德尔生活和工作的极其精彩的介绍。谁是哥德尔? 如果你把爱因斯坦看作甲壳虫乐队,那哥德尔就是滚石乐队。每个人都应该看这本书。

——鲁迪·拉克(Rudy Rucker),

《无穷与心》(*Infinity and the Mind*)的作者

内容提要

　　库尔特·哥德尔是一个智慧巨人。他的不完全性定理不仅改变了数学，而且改变了整个科学世界和建筑于此定理之上的哲学。哥德尔定理粉碎了逻辑最终将使我们理解整个世界的梦想，同时也引发了许多富有挑战性的问题：什么是理性思维的界限？我们能够完全理解我们自己造的机器吗？我们能够搞清楚我们心智的内在工作过程吗？当研究结果缺乏逻辑的确定性时，数学家还怎么继续工作？在这本书里，我们最终遇到了置身于这些深邃思想背后的那个人。约翰·L.卡斯蒂和维尔纳·德波利为我们描述了一个复杂的人物：既入世又遁世，既雄心勃勃又固执己见。作为维也纳文化最负盛名、最具创造力时期的一个学生，哥德尔深受语言哲学家维特根斯坦的影响。他参加了维也纳学派的活动，与学派成员一起讨论科学理论、客观实在和真理之间的关系。后来，哥德尔去了普林斯顿高等研究院。在那里，他成了爱因斯坦一直找寻的谈伴，并被爱因斯坦视为知音。

　　爱因斯坦去世后，哥德尔因担心细菌中毒而拒绝进食，最终死于饥饿。但正像卡斯蒂和德波利所明断的那样，哥德尔的影响是持久不衰的。他的工作不仅使数学发生革命性的变化，而且波及哲学、语言学和计算机科学，甚至还包括宇宙学。存在着可知为真，但必然不能被证明的事实——哥德尔的这一结论，激起了从神经网络到计算理论的发现和创新浪潮。终结完全的、无矛盾知识的梦想，昭示人之精神的永不枯竭——哥德尔不完全性定理以此树起了一座丰碑。

作者简介

　　约翰·L.卡斯蒂（John L. Casti），1943年生于波特兰，1970年在南加利福尼亚大学获数学博士学位，曾任职于美国兰德公司、亚利桑那大学和奥地利维也纳的国际应用系统分析研究所（IIASA）。1986年进入维也纳技术大学计量经济、运筹学和系统理论研究所。1992年加入美国圣菲研究所。现在的研究兴趣集中于利用大型微模拟器研究复杂自适应系统。著作有《实在更替》《范式丧失》《寻求确定性》《复杂化》《五项黄金法则》《虚实世界》和《剑桥五重奏》。

　　维尔纳·德波利（Werner DePauli），维也纳大学统计与计算机科学研究所教授。他著有好几本有关哥德尔的德文书，并曾为德语电视台制作过一部有关哥德尔的电影。

CONTENTS 目录

目　录

前　言

作为千禧年纪念活动的一部分,《时代》杂志公布了一份列有 20 世纪 100 个最伟大人物的名单,其中所选出的最伟大数学家是库尔特·哥德尔(Kurt Gödel)。如果你随机挑出 100 个人问:"你知道哥德尔是谁吗?"那么几乎可以肯定,你不会得到什么肯定的答案。而如果你问谁是 20 世纪最伟大的物理学家[爱因斯坦(Einstein)],或谁是最伟大的化学家[鲍林(Linus Pauling)?],或谁是最伟大的作家(?),情况八成不会是这样。这本小册子力求做到的,就是激起广大读者对哥德尔工作与生活的兴趣,并且,至少要部分地把哥德尔极其巨大的学术成就引介到现代智识话语(modern intellectual discourse)的主流中去。

这样一个计划肇始于 1986 年。当时,我们两个作者中的一人维尔纳·德波利(Werner DePauli)正与彼得·魏贝尔(Peter Weibel)合作,为奥地利国家电视网制作一部有关哥德尔生平的专题片。伴随着这部片子的播放,一本以那个电视节目脚本为基础、用德文写就的小书也出版了。最初我们只不过想把那本小册子译成英文,再为英文读者稍微补充一些哥德尔生活的细节和其他素材。但不久我们就意识到,读者需要一本内容更丰富的读物,于是这便促生了一本全新的书,也就是你们拿在手中的这一本。

在准备这部书稿期间,维也纳的许多朋友、同事所提出的建议和给予的支持,均使我们深深受益。这里,我们要特别感谢戈尔布(J.

Golb）、克勒（E. Köhler）、尼尔森（C. Nielsen）以及魏贝尔。此外，本书的两位编辑罗宾斯（Jeff Robbins）和库克（Amanda Cook）的努力，亦使得这本书更具有可读性。的确，要想把哥德尔那种风格的抽象工作表述清楚，并非易事。

哥德尔也许是，也许不是20世纪最伟大的数学家，但他肯定是伟大的数学家中的一个。我们最诚挚的愿望是，读者通读全书后就会知道为何这么说。

约翰·L. 卡斯蒂

维尔纳·德波利

◇　第一章

自亚里士多德以来

1965年,极具声望的奥地利经济学家摩根施特恩(Oskar Morgenstern)在致奥地利外交部长(后来的总理)克赖斯基(Bruno Kreisky)的一封信中写道:

> 毫无疑问,哥德尔是在世的最伟大的逻辑学家;确实,像外尔(Hermann Weyl)和冯·诺伊曼(John von Neumann)这样的杰出思想家都承认他确实是自莱布尼茨(Leibniz)以来,或者说是自亚里士多德(Aristotle)以来最伟大的逻辑学家。在维也纳大学的历史上,似乎还不曾有哪一位教师的名字像哥德尔的名字那样光彩照人……爱因斯坦曾对我说,他自己的工作本身对他来说已不再是那么重要了,他去研究院,只是为了能享有同哥德尔一同步行回家的特权。

那么,被摩根施特恩称为自亚里士多德以来最伟大的逻辑学家的这个人,这个连伟大的爱因斯坦都认为是堪与其比肩的人,这个巨人中的巨人到底是怎样一个人呢? 翻开这本书你将会找到答案。但为了获得对这项广受赞誉的工作的初步印象,我们不妨先对哥德尔在数学和哲学领域中所取得的成就作一个概观。

人们总是渴望确定的知识(certain knowledge),渴望那种超越千年而至永恒的知识。我们完全可以肯定,那种知识不能在自然科学中发现,因为在自然科学中,甚至像牛顿力学定律那样基本的理论也被相对论推翻了,而相对论本身很可能也会被将来的观察和实验所质疑。为求得真正可以依赖的那种确定性(certainty),我们就总要回到数学领域,特别是纯数的领域。在这一领域,我们所用的真理产出的机制是逻辑演绎的过程,那是亚里士多德留给我们的遗产。

亚里士多德的逻辑学基本上依靠两个支柱:不经证明而被看作真的**前提**或**公设**的集,以及一些保证从一个真陈述变换为另一个真陈述的**推理规则**。下面就以古典的苏格拉底式的三段论(Socratic syllogism)为例说明之。

前提A:所有的人都必有一死。

前提B:约翰是人。

结论:约翰必有一死。

在这里,前提A和B被设想为关于人,关于必死性和关于一个特定的人,即约翰的真陈述。从两个前提到结论的跨越,援用了最先由亚里士多德概括的演绎推理律中的一个,这就是:"如果所有X都是Y,且Z是一个X,那么Z是一个Y。"只要我们可以确信前提为真,那么约翰必有一死这一结论就是牢靠的,不可避免的,就像将会存在的事实一样真实。确定性来自前提的语义内容,来自在我们的心智中确定下来并由亚里士多德加以形式化的演绎过程。

哥德尔的发现是,即使存在纯数之间的真实关系,演绎逻辑的方法也因太弱而不能使我们证明所有这些事实。换句话说,真(truth)就是大于证明。

当结合日常生活来考虑上述事实时,人们并不会觉得太离奇。大家都能认识我们所"知道"的事情,但我们感受到的东西却不能从亚里士多德的形式逻辑推导出来。事实上,牛津的著名哲学家奥斯汀(J. L.

Austin)第一次获悉哥德尔的研究结果时,评论道:"有谁曾认为不是这样吗?"如果某人宣称并非每一件事情都可以由逻辑演绎判定真伪,恐怕大街上的老百姓也会说出同样的话来了。但对数学家而言,情况却绝非如此! 数学家生活在逻辑演绎的世界里,那是他们职业的本质所在。构成数学实践内容的每一项成就(定理),都是从不加证明而被看作真的命题(这样的命题被叫做公理)出发的一个逻辑推理序列的结果。因此,当哥德尔在1931年无可辩驳地证明,存在着可被看作真但却不可能被证明为真的数学命题时,真的就像北极上空的一股寒流袭来那样,给数学界带来了强烈的震荡。以上只是提供了一个相当松散的、非正式的、有关哥德尔的辉煌成就及其相关情况的概观。在切入正题之前,先简要地描述一下哥德尔生活的智识氛围,感受一下如此决定性地触发他的惊人成果的时代气息,还是颇为有益的。

君主制的衰落

布尔诺(Brno)是哲学家暨物理学家马赫(Ernst Mach)、小说家梅林克(Gustav Meyrink)以及建筑师洛斯(Adolf Loos)的故乡,哥德尔一家也曾住在这里。在20世纪初,这个主要说德语的城市——现在是捷克共和国的一部分——是摩拉维亚的首府,也是奥匈帝国最壮丽的中心都会之一。哥德尔在这里度过了他的童年时代。帝国的多元文化性质,以及具有精严结构和神秘主义特色的古远的希伯来神秘哲学传统,都在哥德尔一家的历史上留下了深深的烙印。在这种千姿百态的文化氛围里,哥德尔广泛地游弋于哲学、艺术和智慧之海。上述影响的一个实例就是哥德尔对外语的兴趣。他的写作涉及意大利文、荷兰文、希腊文以及拉丁文等各种文字;他还能讲一口流利的德语、法语和英语,而且在他的私人藏书中有许多外语辞典和语法书。

学生时代的哥德尔(大约1930年)

那时,这个统治方式类似英联邦的多民族国家的君主制政权,正立于岌岌可危的民族问题的火药桶上——问题的根源可以回溯到14世纪所发生的一系列事件。斯洛文尼亚主要为匈牙利人居住的地区,在语言上不同于捷克各邦和说德语的那些国家,并且上述这些地区同波西米亚和摩拉维亚之间还不断发生一些小冲突,而在波西米亚和摩拉维亚,由于奥地利统治家族的原因,操德语的人口具有极大的影响力。不过,德意志民族本身在政治上也是分裂的——一部分人赞成同德国友好,另一部分赞成同奥地利友好。其时,奥地利仍拥有对南德地区的统治权。

这个地区的伟大精神传统从伯梅*(Jakob Böhme, 1575～1624)的神秘主义一直延伸到马赫(1838～1916)深刻的物理学和哲学分析,马赫本人是科学哲学分析那个分支的奠基者。同样,希伯来神秘主义传统在卡夫卡(Franz Kafka, 1883～1932)的超现实主义文学和梅林克(1868~1932)有关"泥人"(Golem)**的描写中得到了它的现代体现。

出生自布尔诺和其邻近地区的其他著名的科学与文化人物还有:孟德尔(Gregor Mendel, 1822～1884),遗传学的奠基人;霍夫曼(Josef Hoffmann, 1870～1956),建筑师,装饰派艺术设计中一个特化运动

---

* 伯梅,通灵术士和神秘主义者,曾著有《曙光》等书。——译者

** Golem,犹太民间传说中有生命的泥人。——译者

(Wiener Werkstätte)的奠基人。与霍夫曼相反,同样出生自布尔诺的建筑师洛斯(1870～1933)却倡导严谨的构成主义(constructivism)形式,舍弃装饰,因此成了德国包豪斯建筑运动的先导。

伴随第一次世界大战后欧洲版图的重绘,串联起几乎所有上述原奥匈帝国知识分子成就的一个共同线索,就是把细密的分析与意图超越人之界限的神秘追求相融合。因为文化环境是生发出创造性想象的核心要素,当时在布尔诺盛行的文化潮流对青年哥德尔的成长起了至关重要的作用。

工业的迅速发展,特别是纺织业的发展,使得丰富的文化环境成为可能。当时,纺织业大部分为讲德语的犹太人所控制(卡夫卡的父亲干的就是这一行)。富有的工业家们住在宽敞的新艺术(Jugendstil,字面意思是"青春风格",新艺术的德国版本)风格的房子里。但像所有暴富的城市一样,布尔诺也有它的阴暗面:主要由捷克当地人居住的贫民区是廉价劳动力和佣人之源,也是犯罪的温床。

第一次世界大战的到来和君主制的崩溃,使新的单民族国家中讲德语的少数人口面临着一个困难的选择:要么为了避免受歧视而融入斯拉夫文化,要么就选择奥地利或德国。尽管哥德尔两兄弟在学校时都学过一点捷克语,但他们家族从根子上说绝对是德国人,因此他们注定倾向讲德语的文化环境,于是,他们进入了维也纳大学而不是布拉格大学。

哥德尔的智识环境

第一次世界大战到第二次世界大战之间的这个时期,是维也纳最富创造性的文化巅峰时期。1924年秋,哥德尔来到维也纳,来到这个拥有十二音音乐、新艺术、维特根斯坦(Ludwig Wittgenstein)和克劳斯

（Karl Kraus）的社会语言学批判的城市继续他的学业。

哲学、逻辑和数学是吸引青年哥德尔的学科。当他逐渐深入这些领域时，越来越多地遭遇到语言的限度（limits of language），即便是在像算术这样古老且简单的领域中，在表达数与数之间的关系时，也是如此。于是，哥德尔开始接触著名的维也纳学派的著作。

维也纳学派的主要目标是推动马赫的理念。马赫一直企图表明，在概念上分析理论之间的矛盾将导致我们对自然界理解的进步。出现在他的《力学史》与《感觉的分析》等著作中的分析方法，对科学和文化都产生了富有成果的影响。特别是，通过阐释和审视物理学的概念，马赫为爱因斯坦的相对论铺平了道路。他对牛顿力学中绝对时间、绝对空间和惯性的不变性原理的批判具有特殊的历史意义。不但如此，马赫的理论研究还影响了艺术家、哲学家和经济学家，因而影响着20世纪初德奥的学术讨论。（列宁很担心马赫思想对文化和政治的这种强烈影响，于是在1909年发表了名为《唯物主义和经验批判主义》的论战性著作，对马赫之学说进行了全面的批判。）

马赫学会的一个副产品是1922年在维也纳建立的"石里克小组"，这个小团体以它的领袖人物，也是哥德尔的哲学老师之一的维也纳大学数学教授石里克（Moritz Schlick）而闻名。随着1928年*《科学的世界观》（*The Scientific World View*）宣言的发表，这个小组变得更加为人所知。

维也纳学派

如果雅典的柏拉图学园是希腊哲学和世界观的地理上的会聚点，那么它在20世纪的版本只能是维也纳大学数学研究所的一间上讨论

---

* 应为1929年，疑为笔误，或印刷错误。——译者

课的小教室。在20世纪二三十年代的几年间,每星期四晚上一小群物理学家、数学家和哲学家都要在那里聚会,讨论科学理论和客观实在(reality)的关系问题。这个小群体在1931年开始被称为维也纳学派,它最终走到工具主义的立场,即认为惟一有意义的陈述是可以对它们的证明给出明确规定(方法或算法)的陈述。因此,使用像"**黄的**"这样一个词,就等价于刻画证明任一特定物体是否拥有"是黄的"这个性质的程序。以此种方式,"黄的"一词的**意义**或**实在**就等价于**有关它的证明程序的陈述**。这实质上构成了可证实性原则的基础,此原则是**逻辑实证主义**学派的思想核心,而"逻辑实证主义"这个术语,后来被用于指维也纳学派所阐述的哲学。

由语言、世界和科学所构成的三角关系是维也纳学派全部思索的焦点所在。因此,哥德尔思想的最关键的方面就是关于语言的限度,这肯定不是偶然的。但是,为理解经验主义与逻辑的融合,有必要回溯到几年前去看一看维特根斯坦的工作。

维特根斯坦与语言的限度

对普通人来说,枪林弹雨、人喊马叫的战场绝非进行深沉哲学思辨的地方。但维特根斯坦并不是普通人,第一次世界大战中,在他参加奥地利军队英勇作战的同时,他形成了对语言表达的思想和世界的实际状态之关系的一套想法,这些想法后来表达于他的经典著作《逻辑哲学论》(*Tractatus Logico-philosophicus*)中。这部开创性著作中的基本信条,亦包含了他生前公开发表的独创性思想,就是句子结构与句子所断定的事实结构必拥有某种共同的东西。依据这个观点,是逻辑使得在思想中表达世界成为可能,但逻辑命题本身却并不表达世界的任何实际状态。于是,对于描述任何类型的客观实在,逻辑是必要的,但并非充分的。然而,对维特根斯坦来说,逻辑确实揭示了哪些状态在理论上是可能的。这也反映出他的一个牢固信念:实在至少是不会自相矛盾的。比如说,如果陈述"海平面上水在100摄氏度沸腾"是真的,则陈述"海平面上水不在100摄氏度沸腾"就不可能是真的。

维特根斯坦关于语言、逻辑和对世界的观察之间相互关系的探索吸引着维也纳小组的成员,后者正考虑通过将逻辑和经验主义认识论合为一体来建立恰当的科学哲学。确实,《逻辑哲学论》真的可以用作维也纳学派的许多精细构造的起点,维也纳小组的几个成员也定期地与在维也纳的维特根斯坦取得联系。不过,维特根斯坦本人似乎从来也没参加过星期四晚上的讨论会。

在下一章我们将会看到,维特根斯坦关于语言不能把握世界上存在的全部东西的主要结论,已经由哥德尔的工作给出了它的数学形式。从本质上说,哥德尔所论证的无非是,没有哪一类数学将可以足够彻底、完全地表达日常的真概念(notion of truth);用语言学的术语说,就是没有什么句法能够完全取代语义学。即使在纯数这样内容简洁的领域,形式逻辑的操作也永远不能告诉我们整数之间关系的每一件事情。再用语言学的表达来重述这个意思,即我们必须记住算术是关于数的。在下一章我们将会看到现在这种有点隐晦的表述意味着什么。

了解了20世纪20年代维也纳智识氛围的背景材料,我们就有了更好地理解哥德尔工作融会其中的思想潮流的基础。现在我们转过来考察哥德尔实际所成就的事业,认识一下他的成就怎样以及何以使他立即上升到自亚里士多德以来最伟大的逻辑学家的位置。

◆ 第二章

永远的不完全

　　德梅尔(Demel)糕点铺肯定是维也纳最著名的糕点店,店里那些盖满奶油的**马拉克夫大蛋糕**、**苹果卷**和**奶油切片面包**是维也纳人厨房里必备的食品,且品种丰富之极,当地人和旅游者都赞不绝口。如果有人能发明一种巧克力蛋糕机(Chocolate Cake Machine,简称CCM),让各地的人都可以在自己家中方便地制作这些好吃的食品,那该有多好呀。我们想象的这种机器就像图2.1中所显示的那样。

　　为运转CCM,我们需把鸡蛋、牛奶、面粉、巧克力和所有其他做蛋糕所必需的原料装进机器,还要输入制作方法,比如制作著名的**萨赫大蛋糕**的方法。然后,CCM便依方法所示处理原料,最终在机器的输出口就会出现一块**萨赫大蛋糕**。当然,才思敏捷的人可能会说,任何一名有水准的点心师傅都是一部活的CCM。但在当代以计算机为主导的高技术

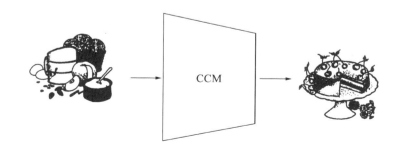

图2.1　巧克力蛋糕机

文化氛围中,人们会考虑一个问题,即以上制作蛋糕的整个过程能否机械化到这样的程度,以致无法分辨一台CCM生产的美味点心与世界上最好的法式巧克力糕点。提出这样一个问题显然不是出于我们的一时兴趣。让我们稍微花一点儿时间琢磨一下,这台理想的CCM应该是什么模样。

首先,我们希望CCM是**可靠的**(reliable),这意味着当我们装进制作名为"巧克力蛋糕"的那种东西的原料和操作程序时,CCM应该产出巧克力蛋糕,而不是任何其他东西。当然,对于什么构成一块巧克力蛋糕,我们需要有一些标准。建立标准并不是CCM该干的事,但是,一旦我们对测定什么算作或什么不算作巧克力蛋糕取得一致,CCM就应该忠实地坚持这些标准。否则,它就不是一部巧克力蛋糕机,而是某种其他类型的炊事机器,对吧? 下面,请允许我们对可靠性(reliability)作更复杂一些的描述。

一开始的时候,你也许会提出这样的问题:"CCM除了产出巧克力蛋糕还产出点别的又有什么不好呢?"换句话说,"为什么非得坚持上面定义的那种可靠性呢?"回答是,根据我们的约定和定义,蛋糕世界的惟一"真陈述"(true statements)就是巧克力蛋糕,而不是别的什么。故此,因为我们的兴趣只在于要一台产出真理且除了真理不产出别的东西的机器,我们便只能要求CCM产出巧克力蛋糕而不是别的东西。如果我们把上述情形加以概括,并考虑以一台万能烹饪机(Universal Cooking Machine,简称UCM)代替CCM,就可以把事情看得更清楚一些。UCM可以产出任何可食的物品,因此在这个更具普遍性的世界里,真陈述由任何一种和每一种人类可食用的物品组成。我认为,十分清楚的是,没人想要UCM产出不可食的、甚或可能有毒的东西,比如"士的宁炖菜"(Strychnine Stew)或"砾石馅饼"(Cobblestone Cobbler)。同理,我们自然也不希望巧克力蛋糕机给出"假陈述"(false statements),如奶油花生蛋糕及草莓脆饼之类。不过,可靠性只是好的CCM应满足的要求的一半。

如果我们的宝贝CCM足够成熟,是那种专业人士的高档产品,那么它就应该能生产出可以设想的任何种类的巧克力蛋糕。因此,这台CCM将能制作出满足巧克力蛋糕检验标准的任何产品。总之,只要是巧克力蛋糕,CCM就能做。我们把这种性质叫做**整全性**(totality)。

这样的两种性质——可靠性和整全性——构成了我们梦想在厨房中装备的机器的基础。此种CCM将能生产每一种可能的巧克力蛋糕,且只能生产巧克力蛋糕。然而,这样一种CCM仅仅是年轻人的异想天开吗? 或者说,会有一个爱吃甜食又足够聪明且肯钻研的工程师,他至少能在理论上复制出一个机器的德梅尔巧克力蛋糕师吗?

尽管从表面上看,以上问题可能同任何深奥的关于生活、宇宙或其他事情的哲学和认识论思想几乎没什么关系,但是制造具有可靠性和整全性的CCM的问题完全抓住了在哲学和科学中的一个最基本的问题:证明每一个真理是可能的吗? 或者换个说法,存在一个陈述为真和陈述可证之间的区别吗? 我们在此的目标就是要说明,对这个问题的回答最终要归于一个似乎更加简单的问题:"我们可以造一台CCM吗?"为更好地体会在回答这一根本性问题中所涉及的内容,让我们再对这个论题作稍微细致一点的考察。

当我们从德梅尔糕点铺窗外经过的时候,我们的世界仅仅由蛋糕纪年组成。如果我们对那个世界的兴趣就集中在一块美味的、覆盖着厚奶油的萨赫大蛋糕上,那么,巧克力蛋糕就是我们在这个蛋糕宇宙中所承认的真理的惟一牌号。因此,在谈蛋糕的语境中,可以做出的所有"陈述"的整全性,就由每一种可以设想的关于蛋糕种类的描述构成。陈述中有一些通过了巧克力蛋糕测试,因此是"真的"。没有通过测试的任何种类的蛋糕描述,就贬到标记为"假的"陈述的集。如此一来,我们便可以把陈述"萨赫大蛋糕""巴黎奶油蛋糕""欧式黑樱桃蛋糕"叫做真的，而把"马拉克夫蛋糕"和"莫恩蛋糕"*叫做假的。很明显，这个蛋糕世界就像柏拉图的理念形式世界：其中的客体存在于空间和时间之外，并以分享"蛋糕"这一抽象性质而互相关联。对我们来说，这个世界的真陈述就是那些通过了巧克力蛋糕测试的东西。此类真理中的一些，比如"萨赫大蛋糕"已被实际地制作出来，可能还曾展示于德梅尔糕点铺的橱窗里。但是，大多数这类蛋糕从未出现在菜单中，也未出现在任何维也纳或其他什么地方的糕饼店的橱窗里。其实，这个蛋糕宇宙的真陈述是由所有可能的巧克力蛋糕的整全性构成的，要么是真实的蛋糕，要么就只是想象的蛋糕。

现在，设想你说陈述"萨赫大蛋糕"是蛋糕世界中的真断言——也就是说，萨赫大蛋糕满足我们大家一致认可的巧克力蛋糕性质的测试。一个怀疑论者也许会反对："我不相信你。请给出证明。"你将怎样使一个持怀疑态度的人确信你的断定的正确性？你将使用什么手段来证明"萨赫大蛋糕"确实是蛋糕世界中一个符合巧克力蛋糕严格测试的真正的真理？明显的答案：只要写出萨赫大蛋糕的配方并输入CCM，然后实际产出符合巧克力蛋糕标准的真实蛋糕。在蛋糕世界，就像生活中其他情形一样，实践出真"吃"！当且仅当存在着实际制作那种蛋糕时CCM可以遵行的配方，一个陈述（一种蛋糕）才是可证的。但应该注意到，要令一种蛋糕是可证的，并没有必要让CCM实际地执行这个配方或制作程序。提供一个配方，并证明如果你确实把它输入CCM，产出的也必定是满足巧克力蛋糕测试的东西，这就足够了。换句话说，可证性（provability）意味着存在一个生产蛋糕的可遵循的规则。因此，对蛋糕宇宙来说，我们有

真理＝所有可设想的满足巧克力蛋糕测试的蛋糕

---

* 后两种蛋糕不是巧克力蛋糕。——译者

证明 = 所有真正能通过 CCM 产出巧克力蛋糕的配方

现在,重要问题出现了:每一种可设想的巧克力蛋糕都有一个配方吗? 或者,换一个等价的说法,每一个真陈述都是可证的吗? 我们在此所提出的问题是,对于某些在柏拉图式的蛋糕宇宙中真正存在的巧克力蛋糕,是不是并没有可以给出的配方。或者说,满足巧克力蛋糕测试的每一个对象都能遵循一个指令集制作出来吗? 从 CCM 的角度来看,问题就变成了这样:要建造可靠的、整全的 CCM,是否存在任何理论障碍?

大多数点心师傅,无论业余的或职业的,都可能回答说,如果你可以设想出一种蛋糕,你就既能亲自动手制作,也能写出制作方法让他人来完成。非常有趣的事实是,直到 1931 年以前,不仅点心师傅,差不多每一个数学家都同意这个说法。但相信与知道是完全不同的两码事。就在发生历史性转折的这一年,哥德尔结论性地证明了,"是真的"与"是可证的"绝不是一回事,并且此结论的结果绝非仅仅在有限的蛋糕宇宙中才成立。哥德尔这一精妙绝伦的结果,还能适用于广泛得多的普通的日常事件,许多人把它看作是 20 世纪最深刻、最具影响力的哲学成果。

就最本质的意义上说,哥德尔定理(Gödel's Theorem)所做的无非是永远地击碎了真与证明同一的信念。其绝妙之处在于,指出在给定的逻辑框架或系统中,是真者(甚至可以是被认为真者)与在同一系统中使用逻辑方法实际可证明者之间存在着不可逾越的鸿沟。因此,尽管有许许多多点心师傅竭尽全力,"蛋糕大全"命定永远具有不完全性(incompleteness);总会存在能被看作是真正的巧克力蛋糕的东西,但它的配方却永远写不出来。

现在的问题是,关于证明的限度这样一个结果,哥德尔究竟是怎样证明的? 这是一个需要稍费笔墨来描述的故事。

证明的限度

习惯上叫"五日环游意大利"的包价旅游项目设定了5个必经的观光城市：罗马、威尼斯、米兰、佛罗伦萨和那不勒斯。此项目应该是为来自"美国最差城市"坎卡基的天真小妹准备的，那样的人憧憬着踏上拜谒黑手党和达·芬奇（Leonardo da Vinci）故土的一生一次的朝圣之旅。不过，有一群精疲力竭的旅行者，在例行程序般地参观教堂、雕像、博物馆等景点之外，还有更多的向往，他们压根就没打算让导游高兴。当列车停在威尼斯和佛罗伦萨之间的博洛尼亚车站时，他们一齐走向了出站口。没错，就是这个博洛尼亚，除了被众多美食家看作意大利的头号食府、与法国烹饪技艺圣地里昂并驾齐驱之外，还是意大利奇异的赛车工业的聚集地。兰博基尼、法拉利、玛莎拉蒂和德托马索的工厂都离极其美丽的市区不到几英里。这仍不是全部，博洛尼亚还以它拥有世界最古老的大学而闻名。1928年，就在这座历史悠久的城市，举办了国际数学家大会（ICM）。在会上，著名德国数学家希尔伯特（David Hilbert）提出的一个挑战性问题，永远地改变了人们思考"逻辑上可证"与"实际上是真"这两者之间关系的方式。

希尔伯特在1928年演说中提出的至关重要的基本问题是，可否证明每一个真的数学陈述。希尔伯特所追求的正是某种证明真理的机器。只要在机器的一端输入所需证明的陈述，转一下手柄，然后坐下来舒舒服服地等待，答案就会砰的一声在另一端跳出来：**要么是真，要么是假**。理想情况下，在这个安排好了的设置中，初始的陈述要么是真的数学事实，因此可从给定的假设中逻辑地演绎出来，于是成为定理；要么它就是假的，结果就不是定理——也就是说，它的否定（negation）是定理。简言之，希尔伯特的真理机器将给每个数学论断一个完全的说明。在他的博洛尼亚演说中,希尔伯特明确了对这样一种真理机器的要求,或者用更有学究气的说法,即对一个**公理化的**,或**形式的逻辑系统**的要求。他相信他的"程序"最终将产生出全部数学的完全的公理化。

连同对数学世界提出的这个挑战一道,希尔伯特再次强调了早些时候(1900年)他在巴黎举行的国际数学家大会上提出的另一个问题的不同方面。由于未解决的问题是任何智力活动领域之命脉,所以那些问题的提出标志着新世纪的到来。希尔伯特在那次会上列举了他认为对数学的发展至关重要的 23 个问题,其中第二个问题涉及证明数学推理是可靠的。换句话说,只要遵循数学推理的规则,就不应得出相互矛盾的陈述,因为一个命题和它的否定两者不应都是定理。当然,这一自洽性(self-consistency)要求是希尔伯特心中任何类型公理系统的必要条件。如果一个系统不一致,则可纯由我们之喜好而证明任何论断是真,或者是假——这绝不是可靠知识的有保证的基础。

作为对自洽性的至关重要意义的一种风趣描述,罗素(Bertrand Russell)曾做了如下"证明":如果 2 + 2 = 5,那么他就是教皇(the Pope)。罗素的论证是:如果我们承认 2 + 2 = 5,那么我们在方程的每一边减 2,将有 2 = 3。两边互换,并在两边都再减去 1,则有 2 = 1。所以,因为教皇和罗素是两个人,且 2 = 1,则得出教皇与罗素是一个人。因此,罗素就是教皇! 以上论证几乎和任何其他论证一样充分,这也说明了为什么不一致的逻辑系统对于达到真理基本上是无用的。

为什么希尔伯特要操心这些事呢? 毕竟,至少从欧几里得(Euclid)时代起,数学家们就一直应用着这种让希尔伯特不太放心的特别的方法,怎么现在就有了麻烦呢? 2 + 2 会突然变成 4.007 吗? 三角形的内角之和会不等于 180 度吗? 实际上,就是这个关于三角形的问题最终触发了希尔伯特的担心。19 世纪上半叶,几何学家鲍耶(János Bolyai)

和罗巴切夫斯基(Nikolai Lobachevski)各自独立地证明,存在着完全一致的、关于点和线的数学系统,它们不同于欧几里得的系统,也与普通信念和日常直觉相反。不但如此,在这些"非欧几里得几何"中,被当作"三角形"的图形之内角和可以比180度小(双曲几何),也可以比180度大(椭圆几何)。

因此,尽管在物理领域可以毫无问题地应用,欧几里得几何也绝不比它的竞争对手更"真"或更"不真",至少在数学对象的宇宙中情况确实如此。事实上,甚至在物理世界,只要我们开始考虑宇宙尺度上的对象,这些非欧几里得几何就能显示出自身的价值。比如说,目前在对宇宙中物质分布的观察中,发现越来越可能是这种情况,宇宙在大尺度的结构上遵守鲍耶和罗巴切夫斯基的几何。在其中,给定一条直线和线外一点,通过此点我们可以画无数条与给定直线平行的直线。这与欧几里得世界形成了极其明显的对比,因为在后者中只可以画一条这样的平行线。

其他类型几何的出现引起了对数学对象和外在世界关系的疑问。因为,根据定义,宇宙是真实的世界,而点、平行线和三角形看来远不是可用感觉获知的,它们存在于头脑中,如同可感知物存在于物质对象和日常事件的宇宙中。但是,比非欧几里得几何更让希尔伯特烦恼的,是新世纪一开始就被罗素及其追随者发现的逻辑悖论。这些逻辑疑难可用著名的理发师悖论(Barber Paradox)来说明:"村中的理发师只给本村那些不给自己理发的人理发,谁给这个理发师理发?"遍历所有逻辑可能性,我们发现,如果理发师给他自己理发,那么他就不给他自己理发,反之亦然。

标准的逻辑推理方法即使在解决像理发师悖论这样似乎很简单的问题时也显得太无力了。尽管如此,在构造数学证明中最终所依赖的方法,恰恰就是这些逻辑工具。这就告诉我们,为什么希尔伯特和其他同行开始关注整个数学专业的逻辑一致性。用希尔伯特自己的话说，"每一个明确的数学问题必须实质地关联于准确的判别，或者是以对问题的实际回答的方式，或者是以它的解之不可能性的证明。"但在古典逻辑的框架中，理发师悖论却明明白白是不可判定的(undecidable)。因此，希尔伯特向同行们提出一项具有挑战性的任务，将每一个数学真理形式化，以便永远排除在数学中出现悖论陈述的可能。而罗素已经证明，悖论是可能出现于日常语言和逻辑中的。

不过，结果却完全是另一回事儿了。希尔伯特在博洛尼亚讲演之后不到3年，年轻的奥地利逻辑学家哥德尔以他的革命性文章，震惊了整个数学世界，使希尔伯特最寄以希望的梦想变成了最令人沮丧的噩梦。在转向对这些事情的详细解说前，让我们来看一下，一个数学的、甚至是算术的陈述，怎么可以是真的却在数学意义上不可证。

根据数学界的一个传说，在高斯(Carl Friedrich Gauss, 1777～1855，可以说是所有时代中最伟大的数学家)短暂的学校生活中的某一天，高斯的老师对学生们的调皮捣蛋很恼火，就布置了一道很长的计算题让他们去做，以使学生们能稍微安静一会儿。确切地说，老师让做的是从1到100所有整数的加法。根据那个年代的习惯，第一个完成的学生把答案写在石板上，然后把石板覆过来放到老师桌子上。老师乐观地期待着欣赏长长的一串串数字以及遍布其中的幼稚的计算错误，以为这项单调的作业肯定要耗费全班学生大量时间，足以使他被搅乱的头脑获得清醒和平静。可他偏偏没料到这间屋里有一个数学神童，题目布置完后只一会儿，高斯的石板就啪的一声搁在了讲台上。高斯是怎样做的呢？

高斯比老师聪明得多，他立即发现了解这道题的方法，那就是把1到100的这些数分成两组，然后把两组数字一个对一个写成下面这个样子：

1	2	3	4	5	…	50
100	99	98	97	96	…	51

高斯注意到,当他把每组中对应数字相加时,和总是一样的,即101。因为100个数被分为同样大小的两个组,每组都有50个数。因此,1到100的各数之和肯定等于50×101,即5050。不用费太大的劲去琢磨就能看到,高斯的办法对老师也许要选择的任何数都有效。如果老师给了整数n,你只要把1到n的整数分成同样大小的两个组(如果n是奇数,就把0放进一组中以使两组同样大小),然后,按前面所述方法一上一下写下两组数。所要求的和$1 + 2 + 3 + \cdots + n$将等于$(n/2) \times (n + 1)$。

对任意但确定的整数n,高斯的处理模式是对上面公式的一个证明。但它不是对**每一个**可能的正整数n都成立的公式的证明,它只是对教师恰好说出的任意确定的数来说成立的证明。一般性公式的通常证明要使用数学归纳法原则。我们必须首先证明公式在$n = 1$的情况下成立。然后,我们假设它对任意但确定的正整数n成立。最终,我们使用此假设以演绎方法**逻辑地导出**它对$n + 1$成立。因此,我们证明了,如果它对$n = 1$成立,那么它对$n = 2$成立。并且如果它对$n = 2$成立,那么它也对$n = 3$成立,如此等等。事实上,这个基本算术公式的所有证明都以这种或那种方式使用了此种归纳论证。这种数学归纳法尽管不是形式逻辑推理的工具,却广泛应用于数学论证中,它可以使我们从有穷的条件集($n = 1$和$n = $任意但确定的数这两个条件),推导出适用于无穷个情况(所有可能的正整数)的结果。

有些数学哲学家指出,数学中不应该允许数学归纳法这样的非构造性的、超穷的推导原则作为证明工具。如果我们真的把归纳工具从数学逻辑证明的整体结构中剥离出来,那么前n个整数之和的公式对一般的n来说将不再是可证的。尽管如此,我们仍能"从外面"看出,此公式是真的。哥德尔所证明的是,即使我们可以采用全部逻辑推理和数学形式证明的工具,包括数学归纳法在内,仍有某些真的数学陈述是不可证的。简言之,在可证的和真的之间永远存在一条不可逾越的鸿沟。

作为哥德尔工作的结果,数学中预言和解释关注之焦点集中在下列基本问题上:

问题 I :证明与真理之对比

什么是数学证明的限度?

问题 II :数学实在

数学"证明"证明了什么?

问题 I 关注我们有希望缩小真数学陈述集与可证数学陈述集之间的鸿沟到何种程度。但是,所有数学真理,无论是可证的还是不可证的,都是关于某种对象存在的陈述。诸如双曲三角形或随机数,实际上是以什么形式存在的呢? 因此问题 II 实际上是要求我们给出一个说明:当我们宣称已经证明了像椭圆三角形之类的对象或前 n 个整数之和之类的公式"存在"时,我们其实是在谈论什么? 以蛋糕世界的术语,我们可以认为这些大问题说穿了就是问,在什么程度上,我们可以写出每种可能的巧克力蛋糕配方(问题 I);同时是问,如果我们给出了配方,但实际上从未烤制过此种蛋糕,那么巧克力蛋糕以什么方式存在(问题 II)?

如果我们自己的存在仅限于蛋糕世界,上面这些问题至多也就是好玩的、哲学上无关宏旨的问题。但除非你生活在维也纳,你的世界才可能比街角咖啡馆和蛋糕店所提供的要大一些。特别是,科学和数学世界中的预言和解释问题最终依赖于我们能够为问题 I 和问题 II 所给出的回答。因为,关于全部数学的公理化框架的理想,正是哥德尔突破证明问题的起点,我们的故事就从欲使数学真理公理化的希尔伯特纲领的一些背景开始。

形式地言说

关于数学的本质,罗素有一段著名的格言式断语:"纯数学是这样一门学科,在其中我们并不知道我们在谈论什么,或者我们不知道我们所谈论者是否是真的。"这精辟的评论总结了问题 Ⅰ 和问题 Ⅱ 的内容,也直接切入了希尔伯特纲领的核心:为全部数学构建一个纯句法的框架。这里还有比罗素关于数学之无内容本质的反语式评论更多的东西,因为刺激希尔伯特纲领的主要动因是他感觉到,在类似于罗素的理发师悖论的事物中存在的悖论性因素,归咎于悖论性陈述中的**语义**内容。希尔伯特相信,铲除在数学中出现这种悖论之可能性的办法,就是建立一种实质上"无意义"的框架,在其中可以谈数学陈述的真或假。这样的框架现在被叫做**形式系统**,它构成了在数学宇宙中研究"什么是可证明的"与"什么实际上是真的"这两者之间鸿沟的历史性起点。

形式系统中的"无意义(即不含意义)陈述"由抽象**符号**的有限序列组成。这些符号通常被叫做系统的**字母表**,反之,系统的"词"通常叫**符号串**。符号可以是♠和♡这样的对象,甚至可以是0和1这样的字符。但在后一种情况下,绝对必须认识到的是,我们并不是正在谈论数0和1,而只是在谈0和1这两个**数字**。仅当这些符号被赋予作为数的意义时,它们才获得我们通常与数0和1相联系的那些性质。过一会儿我们还要彻底地考虑上面交代的这一点。在一个形式系统中,有限数量的这些符号串被当作该系统的**公理**。进一步说,系统还有有穷个**变换规则**。这些规则明确了给定的符号串怎样可以变换为另一个符号串。

在一个形式系统内,证明的一般想法就是,从公理出发,使用变换的一个有限序列,借此将公理变成新符号串的有序系列,其中每一符号串要么本身是一个公理,要么是以变形规则从它的前身中推导出来。

在这个系列中的最后一个符号串被叫做该系统的**定理**。全部定理的总体构成了此系统内可证的命题。但要特别注意,这些所谓陈述实际上没有说任何东西;它们仅只是抽象的符号串。下面我们将知道定理怎样获得意义。但首先让我们通过一个简单的例子,看一下这个方案是怎样运行的。

设想我们的系统的符号是如下3个对象:♠(黑桃)、♡(红心)、♣(梅花)。令♡♣这两个符号组成的符号串是系统的惟一公理。让 x 指称由黑桃、红心和梅花组成的任意有限的符号串,我们在系统中采用的变换规则是:

规则 Ⅰ:　　　　x♣　　→　　x♣♠

规则 Ⅱ:　　　　♡x　　→　　♡xx

规则 Ⅲ:　　♣♣♣　　→　　♠

规则 Ⅳ:　　♠♠　　→　　——

这些规则中,→的意思是"被代换"。比如,规则 Ⅰ 说的是,我们可以添加一个黑桃到以梅花结尾的任意符号串,以组成一个新的符号串。规则 Ⅳ 的解释是,任何时候如果两个黑桃在符号串中相连出现,则此两黑桃可以被去掉,以组成一个新的符号串。 现在让我们来看怎样用这些规则证明定理。

从惟一的公理♡♣出发,我们可以推导出符号串♡♠♣是一个定理,具体过程按下列顺序使用变换规则来完成:

从公理开始、以陈述♡♠♣结束的这样的一系列步骤,被叫做序列中最

后一个符号串所表达的定理的**证明序列**。通过观察发现,在最后一步使用规则Ⅲ时,我们也可以代换前一符号串中的最后3个梅花,而不是前3个梅花,得出的定理就是♡♣♠,而不是♡♠♣。观察敏锐的读者还会注意到,从公理开始直到定理的推导过程中所获得的全部符号串都以♡起首。从这一系统的公理和变换规则的使用中可以清楚地看到,每一个符号串都具有这个性质。这是系统的**元数学**性质,因为它是**关于**这个系统的一个陈述,而不是在这个系统中所作的一个陈述。从系统内可以说什么(它的符号串)与我们从系统外关于这个系统可以说什么(符号串的性质)之间的区别,对哥德尔的结果而言具有头等的重要性。

那么,现在需要对自己提的一个恰当问题是:"所有这些无意义符号的操作非要相关于日常的实在吗?"让我们马上把注意力从形式方面转向内容方面。

回答"怎样从形式到内容"这一问题只要一个词:**解释**(interpretation)。个中缘由过一会儿就将显而易见,现在且让我们把兴趣集中在由数学事实构成的日常实在的一个小区域内。根据要考虑的数学结构的类型(欧几里得几何、算术、微积分、拓扑学……),我们有必要编写一部词典,并用这部词典使组成那个数学结构的对象(比如点、线和数),与我们用来表达那个结构的抽象符号、符号串以及形式系统的规则相匹配(解释)。通过编纂词典这一步骤,我们把意义(即语义内容)添加到由形式系统的符号构成的纯句法的符号串中去。如此一来,形式系统的全部定理就都可以被解释为关于所涉及的数学对象的真陈述。此处的图表显示了形式系统的纯句法世界与数学的意义世界之间这一至关重要的区别。

在继续探讨之前我们稍停片刻,先来说明一下可能使细心读者产生疑问的该解释步骤的一个要点。

本来,希尔伯特提出达到数学真理的形式系统的想法,是考虑把它

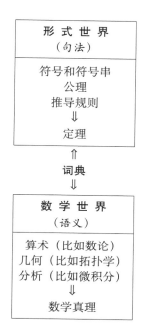

作为铲除理发师型逻辑悖论的一种可能方式,因为那类悖论有可能把它们丑陋的、胡子拉碴的脸伸进数学的领地,而形式化方案的主要卖点就在于宣称这类悖论是由它们在自然语言表达中的语义内容造成的。因此,如果形式系统的符号和符号串完全不含有意义,那么陈述(符号串)就将免除悖论之苦。特别是,就不会再有不可判定的命题。可是,如果这论证确是形式系统方案的主要卖点,那么我们干吗要忙不迭地又走这一解释步骤,从而把意义带回来呢?编词典这一步难道不会削弱希尔伯特为形式化所作的整个论证吗?

　　解决这个明显的困惑之关键在于不要本末倒置。希尔伯特纲领是以形式系统开始的,第二步才考虑数学结构,显示怎样把它的对象与形式系统的符号串相匹配——也就是说,怎样根据不含意义的形式来解释含有意义的数学对象。故此,我们本不是从已包含语义的数学结构开始的,而是从形式系统的纯句法世界开始的。希尔伯特纲领其实相当于企图发现一个免除了内在矛盾,并且其定理与所有算术的真事实的形式系统完全相关。实质上,希尔伯特过去并不相信有任何罗素型悖论会潜入数学真理的世界中,即使这类悖论也许存在于相当含糊不清的自然语言的领域中。他认为,我们能够防止悖论跨越日常语言和数学的界限的方式,就是把整个数学真理的全集加以形式化。哥德尔所证明的正是,希尔伯特犯了致命的错误。根本就没有什么办法能在数学和不可判定性妖魔之间树立起一道屏障——哪怕是在质朴的、水晶般明澈的纯数世界。好吧,现在来继续我们的故事。

一旦编好数学结构和形式系统联系起来的词典,相关的解释也就完成了,我们就可以像希尔伯特一样希望,在数学结构的真事实和形式系统的定理之间将有一种完美的一一对应关系。大致来说,希尔伯特所梦想的,就是发现一个形式系统,在其中每一个数学真理皆可翻译成一个定理,反过来,每一个定理皆可翻译成一个数学真理。这样的系统被称为**完全的**(complete)。更进一步说,如果数学结构想要避免矛盾,数学真理和它的否定两者就决不能都翻译成定理,都在该形式系统中可证。这类在其中没有相矛盾的陈述均可被证明的系统,被称为**一致的**(consistent)。把这些起码的预备知识记在心里,我们最后就可以描述哥德尔对希尔伯特纲领的毁灭性打击了。

在希尔伯特 1928 年于博洛尼亚讲演以前,已有人知道作为整体的数学一致性问题可还原为算术一致性的确定问题——也就是说,在自然数[正整数 1,2,3,…,或一些人称为整数(whole number)的那些东西]之间的性质和关系的一致性。因此,问题就变成了给"算术理论"一个形式系统,这个形式系统应该是:(1)有穷可描述的;(2)完全的;(3)一致的;(4)足以表达对自然数可以作的全部陈述。通过**有穷可描述**一语,希尔伯特所意指的,不仅系统之公理和规则的数量和长度都应在有穷步骤内可构造,而且系统之每一可证陈述(每一个定理)都应在有穷步骤内可证明。这个条件看起来是相当合理的,这是因为,除非你可以向其他人讲述,否则你就不可能真的拥有一个理论。那么,如果证明序列中的公理、规则和/或步骤的数量是无穷的,你就绝不可能向他人讲述它。

联系于算术的任何此类形式化的核心问题就是,是否存在有穷的步骤,我们可以据此判定每一个算术陈述的真或假?比如说,如果我们作了"两个奇数之和总是偶数"这样一个陈述,我们便需要一个有穷的过程。其实这就是一个计算机程序,它可以在有穷的步骤内停下来,并告诉我们那个陈述是真还是假。这就相当于说,告诉我们那个陈述在某个足够有力的、包含日常算术的形式系统中到底可证还是不可证。例如,在那个♡-♠-♣形式系统中,此类判定程序由下列远非明显的标准给出:"一个符号串是一个定理,当且仅当它以一个♡起首,且♣在符号串中的数量不能被3整除。"与之类似,是否存在一套可用来判定每个算术陈述的机械程序或规则,就是著名的希尔伯特判定问题,我们已经知道它是不可解的。

希尔伯特坚信满足前述那些要求的算术形式化是可能的,而且他的博洛尼亚宣言就是要激励国际数学界去发现或创造这样的形式化。知道像希尔伯特这样伟大的人物是如何显著地、肯定地错了,还真莫名其妙地让人觉得有点儿安慰呢!

1931年,即希尔伯特在博洛尼亚发出战斗号令后不到三年,哥德尔就发表了也许是这个世纪最著名的数学(和哲学)成果,也即下列元数学事实:

哥德尔定理——非形式化的版本

算术是不可完全形式化的。

请记住,对于像算术之类的给定的数学结构,为在句法上反映出此结构

的数学真理,存在着无数种选择形式系统之公理和规则的有限集的方式。哥德尔的结果所说的是,这些选择没有哪个会见效。因为不存在也不可能存在满足希尔伯特纲领全部要求的形式系统。一句话,不存在能产生关于自然数的所有真理的规则。

图2.2形象地显示了,对于能表达算术的给定的形式系统M来说哥德尔所提出的结果。整个方形区域代表对自然数可能作的全部陈述。起初,整个方块完全是灰色的。当我们引用形式系统M的规则证明了一个陈述为真之时,我们就把那个陈述涂成白色,而当我们证明了一个陈述为假之时,我们就把它涂成黑色。哥德尔定理说的是,总存在像G那样的陈述(或**哥德尔句**),它们永远注定要生活在灰色阴影的世界。不可能消除灰色区域,把整个方块都涂成黑的或白的。这个结果对**每一个**可能的形式系统M都成立,只要系统是一致的,即对每一个一致的形式系统M,至少存在一个陈述G,它既不能在M中被证明,也不能在M

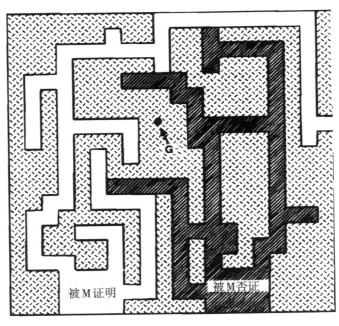

被M证明　　　　　　　　被M否证

图2.2　逻辑空间中的哥德尔定理

中被否证。正像能存在于其他形式系统中一样，G这类陈述也存在于算术中：不可能把灰色铲除！我们把像G这样的陈述叫做在M中**不可判定**的陈述，因为它在那个形式系统的框架内既不能被证明，也不能被否证。如果我们添加不可判定的陈述G作为公理，从而构造一个新的形式系统，那么新系统将有它自己的哥德尔句。同样令人惊奇的是，对每一个这样的形式系统M，总可以构造出从系统之外看来实际上是真的陈述G。因此，尽管G在M内不可判定，但它实际上却是真的，并且在系统外它也可以被看作是真的。

通过不完全性定理，哥德尔永远地击碎了希尔伯特所抱有的给出完全且整全的算术的公理化（axiomatization）——乃至数学的公理化——的一线希望。* 鉴于哥德尔定理代表了人类智慧成就的一个顶峰，更不要说它为数学、哲学、计算机科学、语言学和心理学整体的相关发展提供了基础，故完全值得用简短的一章来考察：一个人究竟怎样才能证明如此深刻、如此让人惊叹不已的结果。

---

* 作者此处用 axiomatization 一词，不太准确。因为哥德尔证明的是算术和比算术更丰富的"形式化系统"（formalized systems）的不可完全性，而不是相应的公理化系统的不可完全性。——译者

◇ 第三章

不可判定

　　很遗憾,哥德尔定理的完整数学细节对于我们这里采用的描述方式来说过于复杂。不过,尽管有点麻烦和曲折,定理的基本思想即使对于没受过数学训练的人来说,也还是相当容易把握的。而事实上,对于哥德尔伟大成就的逻辑基础的领会,已被一些人描述为类似于一种宗教的或神秘的体验。

　　在达到算术不完全性证明的过程中,哥德尔首要的认识是发现了希尔伯特的一个洞见的重要性。希尔伯特意识到,数学分支的每一个形式化其本身便是一个数学对象。这意味着,如果我们建立一个旨在把握算术真理的形式系统,那么形式系统就不仅可作为操作符号的任意选定的规则集来研究,而且可作为拥有数学的——也就是语义的——以及句法的性质的对象来研究。特别是,因为哥德尔对数与数之间的关系感兴趣,他已经证明,怎样使在算术内表达意在包容算术的任何形式系统成为可能。简言之,哥德尔发现了一种方式,它能够通过使用自然数本身来镜像反映有关自然数之间关系的所有陈述。

　　在日常语言的情境下,这个镜像反映的想法可能让人觉得更熟悉些。其中,我们使用英语的词语去述说**关于**语言的事情。比如说,我们使用**词**来描述**词的性质**,诸如它们是名词还是动词,而且,我们还使用英语语言中的其他词去讨论由词语构成的有关英语语法之论著的结构。因此,在这两种情况下,我们都在以两种不同的方式使用语言:(1)作为根据英语语法和句法规则来安排的一系列**未被解释的**字母符号串的集;(2)在所论及的语境内有意义的、**已被解释的**符号串的集。关键的想法就是,同样的对象可以用两种不同的方式来考虑,这同时也就开辟了那个对象实际上述说自身的可能性。我们顺带还注意到,就是这同一个双层次想法也能适用于每个活细胞的遗传物质(DNA)中的符号及其解释。哥德尔所发现的就是如何用自然数来施行同一种"镜像反映的技巧"。

为更清楚地理解哥德尔用数完成的"镜像"操作,可以考察面包店柜台处的类似情形。在那里,每一位顾客都被根据其到来的先后分配一个数字,以便指明顾客们所得到的服务的顺序。设想克林特(Clint)与布里吉特(Brigitte)两人都需要一块萨赫大蛋糕,但又都没有搞到一台CCM。所以,他们就去了附近的糕点店,到那儿进了门,克林特拿到4号服务牌,布里吉特稍后即到,拿了7号服务牌。根据这个服务顺序的安排,克林特先于布里吉特被服务是个真实世界中的事实,此事实被"镜像反映"在纯算术真理"4小于7"中。以此方式,真实世界的真理由数论真理准确可信地翻译或反映出来。哥德尔借助上述配数方案的一种巧妙的变体,使用算术语言本身对算术中的所有可能的陈述进行了编码,因此,他既使用算术作为已被解释的数学对象,又使用它作为可能借自身来谈论自身的未被解释的形式系统。理解此种**哥德尔配数**(Gödel numbering)方案如何操作,是一件富有启发性的事情。

在不朽的三卷本巨著《数学原理》中,罗素和怀特海(Alfred North Whitehead)使用他们的逻辑符号系统建立了一种演算,此演算可以表达算术、几何与分析的陈述——实际上就是全部古典数学。如果你动了心,想要深入钻研一下这部著作,想看看"2 + 2 = 4"在逻辑语言中如何表达,那我先得提醒你,我曾经也想做同样的事情,结果,我陷入不可穿越的抽象符号和公式的泥淖之中,直到第二卷才千辛万苦地到达"1 + 1 = 2"的证明! 毫不奇怪,哲学家和教育家凯梅尼(John Kemeny)就曾把罗素和怀特海的这部著作描述为"实际上被每个哲学家所讨论,而实际上又无人读过的名著"。但对哥德尔来说,通过把罗素和怀特海的算术语言中的所有符号和陈述编码,《数学原理》就成了他让算术转回来服务于自身的想法的合适起点。这样,哥德尔就能够把《数学原理》中每一页的结果描述成数的变换序列。

为理解哥德尔的方法是如何运作的,让我们考察一下出自内格尔(Ernest Nagel)和纽曼(James R. Newman)之手的罗素与怀特海符号逻辑语言的简化版本。在这种语言中,只有基本的符号和变元。设想我们有列于表3.1中的10个逻辑符号,遵循哥德尔的方案,使每个符号都有一个1和10之间的整数作为哥德尔的编码数。

表3.1 基本逻辑符号的哥德尔配数

符号	哥德尔数	意义
~	1	非
∨	2	或
⊃	3	如果……那么……
∃	4	存在
=	5	等于
0	6	零
s	7	……的直接后继
(	8	标点符号
)	9	标点符号
′	10	标点符号

除了基本符号,《数学原理》的语言还包括由上述基本符号联结起来的逻辑变元。这些变元以三种不同方式出现,依赖于一类变元在整个逻辑表达中所起的真正作用,变元就表达为在一个等级系列中的某

个类型。一些变元是**数值变元**,这意味着它们可以被赋予数值。另一类变元(**语句变元**),可以用整个逻辑表达式或公式来代换。最后就是**谓词变元**,它们表达数值性质或数值表达的性质,例如**素数**、**奇数**或**小于**。《数学原理》中所有的这些逻辑表达式和可证性关系,都可用通过逻辑符号联结起来的这三种变元的组合写出。对我们的《数学原理》简化版本来说,只有 10 个逻辑符号,尽管在实际情况下要更多一些。在《数学原理》的这个小型版本中,哥德尔配数系统将用大于 10 的素数来编码数值变元,用大于 10 的素数的平方来编码语句变元,用大于 10 的素数的立方来编码谓词变元。

为理解这个配数过程到底是怎样进行的,需要考虑逻辑公式 $(\exists x)$ $(x = sy)$。翻译成直白的语言,这个逻辑公式读作:"存在一个数 x,它是数 y 的直接后继。"x 和 y 两者都是数值变元,因此哥德尔编码规则要求我们给 x 赋值 11,给 y 赋值 13,因为 11 和 13 是大于 10 的头两个素数。公式中的其他符号可根据表 3.1 中所示的对应来代换数,以完成编码。编码的过程产生出数的一个序列 $(8, 4, 11, 9, 8, 11, 5, 7, 13, 9)$,其构成源自逐个符号地解读此逻辑表达式并根据编码规则代换适当的数。由 10 个数组成的这个序列惟一地确定了这个逻辑公式。但因为数论——也就是算术——是关于数的,我们更希望能以一种清晰的方式用单个数来表达这个公式。哥德尔处理这件事的办法是,找出头 10 个素数(这个公式有 10 个符号),然后对每一素数,求其在公式中所对应成分的哥德尔数次幂,最后将全部结果相乘。头 10 个素数依次为 2, 3, 5, 7, 11, 13, 17, 19, 23, 29,那么上述公式最终的哥德尔数为

$$(\exists x)(x = sy) \rightarrow 2^8 \times 3^4 \times 5^{11} \times 7^9 \times 11^8 \times 13^{11} \times 17^5$$

$$\times 19^7 \times 23^{13} \times 29^9$$

我们很乐意把这个量的实际值留给读者去计算!使用上述类型的配数方案,对可用《数学原理》的逻辑语言表达的关于算术的每一个陈述和

陈述序列,哥德尔都能安排一个独一无二的数。

不难看出,哥德尔的这种配数方案与计算机科学中常用的ASCII编码程序实质上并无太大不同。根据那个编码方案,英语字母表中每一个不同的书写符号,以及每一个标点符号,都由7个二进制数组成的一个符号串来编码。下面就是那种编码的几个例子

A=1000001　　　3=0110011　　　x=1111000

ASCII同哥德尔编码程序的主要区别是前者被设计为进行单一层次的编码,亦即只用于编码英语中使用的单个的数字和字母符号。而哥德尔的方法指向表达式的不同层次,它使得我们能区别数值变元的最低层次,以及语句变元和谓词变元的较高层次,前者基本上就处于ASCII编码的层次上,后者所对应的变元代表整个符号串,甚至较低层变元的性质,包括公理和定理间至关重要的证明关系。哥德尔走向不完全性的关键一步,就是显示怎样才能以算术的方式来编码处于不同语义层次的逻辑表达式。

借助哥德尔的编码程序,关于自然数的每一可能命题本身都可表达为一个数,并且这造成以算术来考察算术自身真理的可能性。整个程序可以用机车在货场中来回调动货车车厢的隐喻来说明。这个由侯世达(Douglas Hofstadter)始创的主意呈现为图3.1。在图的上半部,我们看到货车的车厢侧面喷涂着未被解释的数字,图的下半部,从顶上向

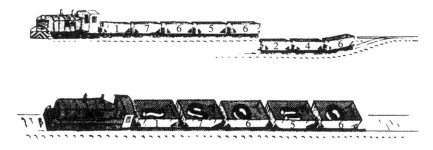

图3.1　哥德尔配数及变换规则之货车图解

下看,我们看到车厢里面有已被解释的符号。依照操作逻辑符号和公式的规则,调车场中车厢的调度安排被反映在自然数的一个相应的变换中——即反映在算术的陈述中——反之亦然。

深入的洞见和深刻的结果必然有赖于同时把握几个思想之间的联系。在哥德尔定理的证明中,有两个关键性思想哥德尔必须同时运用。哥德尔配数是第一个,现在让我们来看第二个了不起的思想。

让希尔伯特心烦意乱的那种逻辑悖论,都以自指(self-reference)概念为基础。自指陈述的一种自相矛盾的形式以某种幽默的方式在图3.2中给出。

图3.2　一个自相矛盾的自指陈述

所有这类难题的祖宗都是所谓爱皮梅尼悖论[Epimenides Paradox,或称说谎者悖论(Liar's Paradox)],它的一个版本为:

> **这个句子是错的。**

哥德尔想做的就是寻找一种方式,以便在算术框架内表达此类悖论性的自指陈述。为显示希尔伯特论题——所有真论断都应在形式系统中可证——是有例外的,哥德尔需要这样一个陈述。不管怎么说,爱皮梅尼悖论这类陈述包含了真概念,而逻辑学家塔尔斯基(Alfred Tarski)又已经证明,真概念不可能在正被谈及真的那个形式系统的界限内加以把握。于是哥德尔第2号伟大思想就出场了。

避开处理永远难以捉摸的真概念,哥德尔意识到应该用某种可形式化的东西来代替"真",这就是**可证性**概念。因此,他把爱皮梅尼悖论翻译成哥德尔句:

这个陈述是不可证的。

这个句子当然是关于一个特定"陈述"的断言,也就是关于在该句子中所指涉的陈述的断言。然而,使用他的配数方案,哥德尔能够以表达在算术语言本身中的相应的自指的元数学陈述,来编码上述论断。让我们彻底地考察一下这一镜像反映的逻辑结果。

如果这个陈述是可证的,那么它就是真的;因此,它所说的肯定是真的,但不可证。那么,这个陈述和它的否定两者都可证,如此又蕴涵一个矛盾。另一方面,如果陈述是不可证的,那么它所断言者便是真的。在这种情况下,这个陈述就是真的,然而却是不可证的,这蕴涵了此形式系统是不完全的。

哥德尔最终证明了,对任何强大得足以让我们表达初等算术所有陈述的一致的形式系统,这样的哥德尔句必存在,因此,形式化必是不完全的。结论是,在每一个强大得足以表达整数之间全部关系的一致的形式系统中,都存在用该系统的规则不可证明的陈述。尽管如此,那个陈述却表达了关于数的一个真论断——这是一个我们通过"跳出",用侯世达富于表现力的语言说就是"跳到系统之外",能够知其真的论断。几乎只是作为一段插曲,哥德尔也说明了怎样构造一个算术陈述A,翻译成元数学断言就是"算术是一致的",并证明这个陈述A是不可

证的。由此可推知,算术的一致性不可能使用表达算术本身的任何形式系统来确定。把所有这些思想综合在一起,就得出

哥德尔定理——形式逻辑版本

对于算术的任何一致的形式化,都存在着在那个形式系统内不可证明的算术真理。

因为导向哥德尔惊人结果的那些步骤在逻辑上是巧妙的,同时它们又相互交织在一起,所以我们用表3.2来概括探索之路上的各个主要里程碑。

表3.2　哥德尔证明中的主要步骤

哥德尔配数:创造一种编码程序,把《数学原理》中的每一个逻辑公式和证明序列翻译为关于自然数的一个"镜像"陈述。

爱皮梅尼悖论:以"可证性"概念代替"真"概念,然后把爱皮梅尼悖论翻译为论断"这个陈述是不可证的"。

哥德尔句:证明语句"这个陈述是不可证的"有一个算术中的对应陈述,即在每一个可构想的算术形式化中它的对应的哥德尔句G。

不完全性:证明如果该形式系统是一致的,则此哥德尔句G必定是真的。

不可完全性附则:证明即使补充的公理加进来构成了新的系统,使得这个G在其中可证,含有补充公理的新系统仍有它自己的不可证的哥德尔句。

一致性:构造一个算术陈述,它断定"算术是一致的"。证明这个算术陈述是不可证的,故此证明,算术作为一个形式系统太弱,不足以证明它自己的一致性。

哥德尔的成果出人意料之程度,可以从人们对他最初宣布这个定理时的反应中表现出来。那是在1930年9月7日于德国哥尼斯堡举行的科学哲学讨论会上。具有讽刺意味的是,哥尼斯堡恰恰是希尔伯特

的故乡,这也许部分地解释了人们对哥德尔所提出的结果反应冷淡的原因。事实上,会议的讨论记录中没有留下任何涉及哥德尔言论的踪迹,后来发表的一篇综述会议提交论文的文章,竟也完全没有提到有关哥德尔的任何东西!像许多具有摧毁力的思想一样,哥德尔的成果如此超乎想象,如此具有革命性,甚至专家们起初也并未理解他究竟成就了什么。但有一个与会者立即看出了哥德尔这项工作所蕴涵的结果,此人便是冯·诺伊曼。哥德尔刚做完演讲,冯·诺伊曼就截住他,催促其告之更多的细节——这或许也算得上是天才识天才的一个实例吧。随后的几个月时间里,哥德尔在维也纳又做了几次有关他的定理的演讲,并最终于1931年发表了他的划时代文章《论〈数学原理〉及有关系统中的形式不可判定命题》。接下来,就是人们所熟知的历史了。

哥德尔的结果是不仅局限于少数人懂得的数理逻辑领域中的奇珍异宝,除了不完全性的深奥的哲学推论,以及它对认识论和人类认知限度问题的派生影响之外,它还对思想与计算的机械程序化问题发生实质性影响。但这个问题我们最好留待本书后面的一章来讨论,在那里,我们将细致地考察有关的问题。现在,让我们从数学和哲学中走回来,再花点时间考察一下哥德尔成长的社会、经济时代,看看这些因素怎样促进了哥德尔哲学和数学观念的形成。

◇ 第四章

青年时代的哥德尔

哥德尔的外祖父古斯塔夫·汉德舒(Gustav Handschuh)19世纪中叶定居于布尔诺。他来自莱茵地区,是那儿的一个织布工。在布尔诺,他成了舍靳纺织厂的厂长。他那很传统的妻子巴特尔(Rosita Bartl)来自讲德语的摩拉维亚小城伊格劳。汉德舒住在贝歇尔街9号(即现在的佩科尔斯卡),一座典型的比德迈式风格的房子的二层。房子里边有一个内院和一个宽敞的走廊,晚上的时候,邻居们常聚在那儿聊天。

汉德舒夫妇的女儿玛丽安娜·汉德舒(Marianne Handschuh, 1879~1966),即后来的哥德尔母亲,也住在这所房子里;她还有一个妹妹和两个弟弟。哥德尔的父亲鲁道夫(Rudolf, 1874~1929)也出生在布尔诺,他与姑母(亦为其养母)安娜(Anna)住在汉德舒家同一所房子的一层。

哥德尔家族的父系来自奥地利。鲁道夫·哥德尔的双亲都出生于维也纳。在他的父亲不明不白地自杀之后,他才被送到布尔诺与姑母生活在一起。汉德舒一家与安娜的关系很好,经常在一起演奏音乐,参加戏剧爱好者的活动。所以,玛丽安娜·汉德舒与鲁道夫·哥德尔很早就认识了。

婚后不久,鲁道夫和玛丽安娜就搬到了贡珀茨(现称贝兹鲁科瓦)街15号附近的一所公寓。他们的第一个儿子小鲁道夫1902年在这里出生。后来,他们又搬回童年时代住过的那条街,住贝歇尔街5号,就在汉德舒家与安娜姑母住过的房子的隔壁。未来的数学天才库尔特·哥德尔就在那里诞生，那是1906年4月28日。

库尔特的哥哥小鲁道夫·哥德尔回忆说：

> 家庭生活是和睦的。我们与父母关系融洽，我们兄弟俩也相处得很好。弟弟在差不多八岁的时候，得了严重的风湿性关节炎，并伴有高烧症状。从那以后，他就变得有疑病妄想，总认为自己的心脏受到了损害，可这个问题从来没有得到医学验证。
>
> 总体上说，库尔特·哥德尔是一个快乐而又腼腆的孩子。他很敏感，并且由于有着强烈的好奇心，被叫做"为什么先生"。

第一次世界大战爆发之前，哥德尔一家就从贝歇尔街搬到他们自己的大房子去了，那是施皮尔山（现在的佩利科瓦）街8a号。像哥德尔的外祖父一样，哥德尔的父亲也从事纺织业，后来他成了雷德利希大工厂的股东和经理。有这样的能力，鲁道夫·哥德尔就能使他的家庭享有很高的生活水准。比如说，他们拥有奥匈帝国君主制下的第一批克莱斯勒汽车中的一辆，他们的大宅子建在施皮尔山的群山南坡，有一个带有凉亭的十分开阔的花园。

站在房顶上，哥德尔家的男孩们可以用望远镜看见布尔诺圣彼得和保罗哥特式大教堂的石雕装饰。天气晴朗时，他们还能看见下奥地利地区的边界，并观察火车离开车站驶向维也纳。从窗子里向对面看，还有可能看到施皮尔山山顶上的那座出名的监狱。

库尔特和小鲁道夫的童年时代

6岁的时候，库尔特进了布尔诺的一

所新教徒的私立学校。1916～1924年,他在以德语授课的国立中学读书。这所学校位于施特拉森街(即今天的许贝索瓦),是典型的强调现代语言和自然科学的德国中学。在那里库尔特是一个天分极高又很用功的学生。

哥德尔的哥哥回忆说,哥德尔的兴趣包括拉丁语等语言、历史和数学。从小学一年级到中学毕业,年轻的哥德尔总是得最高分。他的数学和几何方面的天分在他14岁时就初露锋芒。到16岁,他已开始研究康德(Kant),他认为康德对他的智力发展具有塑造作用。谈到这方面的联系,小鲁道夫·哥德尔说:

> 战后我们曾住在马林巴德,我经常同弟弟在一起。我记得我们曾一起读张伯伦(Chamberlain)的《歌德传》。读到某个地方,他对歌德的颜色理论产生了兴趣,这兴趣也成为他对自然科学的志趣之源。无论怎样,比起歌德的理论,他更喜欢牛顿的色谱分析。
>
> 库尔特与母亲非常亲密,母亲常用钢琴为他弹奏他最喜欢的乐曲(轻音乐)。当我同父母亲一起散步时,他经常宁愿自己待在家里看书。

让人有点惊奇的是,库尔特·哥德尔终生保持了他对轻音乐的热爱。比起巴赫(Bach)或瓦格纳(Wagner)的音乐,他更喜欢施特劳斯(Strauss)的华尔兹——实际上,他讨厌前两人。

谈到库尔特更小的时候,小鲁道夫又补充说,

> 他可以赞美自然,但并未显示出对自然真正的爱,这一点与母亲一样。尽管弟弟与家里人在一起更少些,并更早地走上了自己的独特道路,但他也是母亲的特殊的问题儿童,特别是他后来身体很虚弱的时候。

话末所说的身体很虚弱是指哥德尔8岁时所经历的风湿热发作。尽管这场病实际上并没有留下持久的损伤,但这次磨难却成了哥德尔一生的转折点。他好追根问底的天性促使他钻研了解这种疾病,并知道了它的可能的副作用,包括它对心脏的伤害。尽管医生告知他得病后并未留下后遗症,他还是相信自己的心脏确实已受到影响,这成为他以后生活中一直坚守的一个顽固信念。他的哥哥常说这就是哥德尔的疑病症根源,此症构成了哥德尔后来生活的一部分。

由于富裕和享有很高的社会地位,哥德尔一家能够避免,或在必要时得以克服"一战"灾难后重建时期的日常生活的困难。尽管在捷克斯洛伐克和原君主制国家的德语区,国家状态仍不稳定,还存在着政治、社会和经济的动荡,哥德尔一家却保持了平静的生活。并且,他们的父亲健在时,小鲁道夫和库尔特兄弟俩都能继续学业,而不用特别考虑经济上的问题。

1920年,小鲁道夫·哥德尔已去了维也纳,在维也纳大学里学医学。正像他所回忆的那样:

> 我们所有的老师事实上都闻名于世。内科是文克巴赫(Wenckebach),外科是艾泽尔斯贝格(Eiselsberg),儿科是比尔克(Birkee),神经科是瓦格纳-尧雷格(Wagner-Jauregg)。一个比一个更了不起。

四年以后,也就是1924年秋,库尔特与他的哥哥会合。他在维也纳第八区的弗洛里安尼大街42号租了一套公寓,在那儿他一直待到1927年的4月。

在这所大学里,年轻的哥德尔一开始学数学、物理学和哲学。他最初想以理论物理为专业,因此听了蒂林(Hans Thirring)的课,课是在理论物理研究所四楼的大教室里上的,而理论物理研究所在维也纳第九区的斯特鲁德尔霍夫大街4号。凑巧维也纳大学的数学研究所在同一座楼房的地下室里。1926年,在他进入大学的两年以后,他决定"搬到楼下",把数学作为自己学习的中心和重点。

不时地替代主讲教授上课,或者指点一下系里更年轻的学生,在哥德尔来说是常事。维也纳技术大学教授赫拉卡(Edmund Hlawka)是哥德尔那时的一个学生,他这样看哥德尔放弃物理学而转向数学的决定:

> 对他影响最大的,当然是哈恩(Hans Hahn)和门格尔(Karl Menger)了。他选修了他们的集合论和实变函数课程,也上富特文勒(Furtwängler)的数论课。而且我相信,正是后者激发了他把数论方法应用于逻辑——以自然数表达逻辑和数学命题,现在这被叫做"哥德尔化"(Gödelization)。

在数学研究所哥德尔的老师中,包括哈恩(维也纳学派的奠基者之一)、门格尔[著名经济学家卡尔·门格尔(Carl Menger)的儿子]和富特文勒。哥德尔最重要的哲学教授是石里克(维也纳学派的领袖)、贡珀茨(Heinrich Gomperz,著名古典语文学家的儿子),后来又有科学哲学家卡尔纳普(Rudolf Carnap)。

哥德尔和维也纳学派

哥德尔的许多老师都是维也纳小组的成员,这个由哲学家、数学家和科学家组成的著名小团体,每个星期四晚上都在数学研究所的一间教室聚会,希望开发一种有关科学"真理"的理论。还在学生时代,哥德尔就已经建立了同这个小组的成员及其思想的联系。自1926年起,他开始定期参加维也纳小组的活动。

会议的参加者都是应邀而来,估计哥德尔与会是应哈恩和石里克之邀。他第一次参加维也纳小组的活动时,该小组正在读维特根斯坦的《逻辑哲学论》(那已是第二次读了!)。哥德尔一直定期参加小组活动直到1928年。当哥德尔逐渐清楚地认识到,自己并不同意维也纳学派的观点时,他感到了某种痛苦。他尤其不同意数学是"语言的句法",这是卡尔纳普所特别坚持的观点。在这个问题以及其他一些问题上,哥德尔坚定地持有自己的看法,但他同时也希望避免争论。因此,他通常并不主动批评小组内其他成员的立场。在大多数情况下,他满足于倾听其他人的看法,只是偶尔才在讨论中插进自己的意见。一般看来,表达相反观点可能有助于刺激哥德尔更清楚地构成自己的思想。但回想起来,好像维也纳学派对哥德尔的主要影响就是引导他涉猎新的文献,使他与一些可能不会在其他途径接触到的同事建立了联系。

从1929年10月起,哥德尔就经常参加门格尔的学术讨论会,讨论会通常都在数学研究所举行。在那里哥德尔见到了不少数学界的领袖人物,诸如波兰逻辑学家塔尔斯基、博学多才的匈牙利数学家冯·诺伊曼以及德国统计学家瓦尔德(Abraham Wald)。门格尔是《数学报告会成果》(*Results of a Mathematical Colloquium*)的主编,他很快让哥德尔与内贝林(Georg Nöbeling)以及阿尔特(Franz Alt)一起成了编辑。在那个时期,哥德尔特别多产,1929~1937年总共发表了13篇数学论文。

在定期参加讨论会的学者中,哥德尔以超人的天才赢得了声誉。他的同伴都热切地追随其后,尤以女性为甚。哥德尔的一个学生、数论专家陶斯基–托德(Olga Taussky-Todd)特别回忆起一件事情。有一天,托德正在数学研究所图书馆外的一个小教室里工作,一位身材苗条的年轻姑娘走了进来。她放下书本,也开始了工作。她长得非常漂亮,稍显出一丝忧伤,一身夏天的打扮美丽得非同寻常。不一会儿,哥德尔也走了进来。两人随即交谈——哥德尔那天魅力十足——很快他们就一起离开了。托德后来与这个姑娘成了朋友,她告诉托德,她确实和哥德尔有过一段浪漫史（她抱怨说库尔特被宠坏了，早上一定要很迟才起床）。很显然，从布尔诺到维也纳期间，哥德尔抛弃了自我封闭的生活，并在维也纳的学生时代融入一股相当社会的潮流中。

　　1927年10月到1928年6月间的这个短暂时期，哥德尔住在瓦林格大街33号。约瑟夫努姆咖啡馆就在那幢房子的一层，哥德尔是那里的常客，而且经常与他的维也纳学派同事在一起。1928年7月，哥德尔搬进朗格大街72号一套更大的公寓，在那里一直住到1929年的11月。这套公寓其实是为哥德尔的父母到维也纳时准备的。这次搬家影响了哥德尔一生的命运，因为就在街的正对面，住着阿德勒·宁博斯基（Adele Nimbursky），她那时嫁给了一个摄影师，后来又成为哥德尔的妻子。阿德勒当时正服务于"夜蝴蝶"卡巴莱夜总会，那个夜总会位于市中心的彼得斯广场（Petersplatz）。尽管对于他们最初如何相识没有什么文字记载，但估计哥德尔是在写博士论文时，于朗格大街的住所处认识了迷人的阿德勒。

　　求婚的过程十分漫长，因为哥德尔的父母强烈反对他同阿德勒的婚事。在他们看来，阿德勒在很多方面都配不上库尔特：她离过婚，比库尔特大6岁，是个天主教徒，出身于下层，还是个舞女。阿德勒称自己是芭蕾舞演员，但即使这是真的，她肯定至多也就是福尔克索珀剧团伴舞队的替补。不管怎么说，她那种情况社会名声很是不好，因为在当时，芭蕾舞女听起来几乎与高级妓女差不多。

库尔特和阿德勒的结婚照

与这样一个女人结婚将破坏哥德尔已有很好基础的前程。

　　哥德尔的父亲死于1929年2月23日，其时只有54岁。他死后不久，他的遗孀就去了维也纳。小鲁道夫回忆说：

[由于父亲的去世]我们的世界整个地垮了,特别是对我们的母亲来说。几个月后,母亲的状况令我们担心发生最坏的情况。我们不可能让她独自一人待在布尔诺。花园别墅租出去了,母亲、弟弟和我一起搬到约瑟夫区(维也纳的学者区)的一套大公寓里。

这个区原来是维也纳郊外的一个地方。它是为纪念皇帝约瑟夫一世(Josef Ⅰ)的加冕典礼而命名的。在这里,贵族、牧师和富裕的维也纳中产阶级建造了他们华丽的娱乐场所、教堂和豪宅。哥德尔家住在约瑟夫城区大街43号,直至1937年11月。在哥德尔的许多住所中,对科学界来说最出名的就是这个地方。1929~1937年,哥德尔在这里写了他最重要的那些文章,同时他还与世界各地的数学家通信,包括德国弗雷堡的策梅洛(Ernst Zermelo)、巴黎的埃尔布兰德(Jacques Herbrand)、普林斯顿的维布伦(Oswald Veblen)、苏黎世的贝尔奈斯(Paul Bernays),还有四海为家的冯·诺伊曼——他先后生活在布达佩斯、苏黎世、柏林、普林斯顿和洛斯阿拉莫斯。

同一时期,哥德尔的母亲鼓励兄弟俩积极参加维也纳的文化生活,她还经常与他们一道去约瑟夫区的剧院看演出。书和音乐是其他形式的娱乐。除了歌德和卡夫卡,哥德尔喜欢的作家还包括忧郁的小说家茨威格(Stefan Zweig)、施尼茨勒(Arthur Schnitzler)[他的中篇小说《梦》是库布里克(Stanley Kubrick)一部电影《紧闭双眼》的蓝本],还有奥地利的社会评论家和小说家冯·多德雷尔(Heimito von Doderer)。在音乐的世界里,哥德尔最喜欢华尔兹、意大利歌剧、约翰·施特劳斯的轻歌剧和理查德·施特劳斯的歌剧。相对于他的音乐欣赏口味,他更喜欢那个时代较轻松的音乐,其中有奥芬巴赫(Jacques Offenbach)的轻歌剧和舒伯特(Franz Schubert)的乐曲,还有当时风行美国的歌曲《海港之光》和《命运之轮》。哥德尔还对美丽动人的女歌手塞博拉蒂(Maria Ceborati)

相当欣赏。

真正给了哥德尔精神营养的还是维也纳学派。1924～1933年,小组成员每个星期四晚六时在维也纳第九区的斯特鲁德尔霍夫大街的数学研究所聚会。哈恩(1879～1934)是维也纳大学的数学教授和哥德尔的老师,也是维也纳学派的奠基人之一。1922年他安排石里克来维也纳大学担任教职,也是他使得石里克的助手门格尔(1902～1985)成为副教授,并从1927年起就在维也纳大学教书。小组还有哈恩学生时代的朋友弗兰克(Philipp Frank, 1884～1966),以及纽拉特(Otto Neurath, 1882～1945)。这些思想家一起在维也纳实现了为科学进步奠定创造性基础的梦想。

纽拉特是使维也纳小组聚合在一起的力量,也是小组自由派一翼的领袖。这一派别追求推动社会变化,他们定期在奥塔科林中心会合,研讨成人教育和文化问题。1934年,纽拉特也像许多人一样,为了躲避陶尔斐斯*政府统治时期在维也纳活动的奥地利法西斯分子而远走他乡。

哥德尔的另一个老师——也是后来的同事——为卡尔纳普(1891～1970)。他是维也纳学派哲学家中最激进的一员,力图阐明所有哲学问题都可还原为语言问题。在1935年移民美国后,卡尔纳普成为学派中最招眼的一员。

维也纳学派的其他领导成员,包括数学家费格尔(Herbert Feigl)、集合论专家门格尔、哲学家克拉夫特(Viktor Kraft)、法学家考夫曼(Felix Kaufmann)、数学家魏斯曼(Friedrich Waismann)以及哲学家齐尔泽尔(Edgar Zilsel)。在诸多从世界各地来参加讨论的杰出访问者中,有哲学家艾耶尔(Alfred Ayer)、亨佩尔(Carl Hempel)及蒯因(Willard van

---

* 陶尔斐斯(Dollfuss),1932～1934年任奥地利总理,因反对德国吞并奥地利而被奥地利纳粹分子刺杀。——译者

Orman Quine）。

除此之外，在维也纳学派外围，以历史学家贡珀茨（也为哲学家）、物理学家冯·米泽斯（Richard von Mises）、哲学家波普尔（Karl Popper）和维特根斯坦为核心也形成了一些松散的讨论组。这些小群体同维也纳学派本身时常有思想交流，而后者正是这个现代的、具有创造性的运动的核心。

我们早已注意到，哥德尔在刚开始学习数学的时候，即 1926 年就成为维也纳学派的成员了。在维也纳学派的聚会中，以及在门格尔所组织的讨论会上，经常会有革命性的逻辑思想迸发出来。特别有趣的是围绕冯·诺伊曼（1903~1957）和塔尔斯基（1901~1983）的工作开展的讨论。这些讨论会中的一次还成了哥德尔作第一次研究报告的场所。

有关语言、世界和科学三者之间联系的讨论，几十年来都围绕着一个中心问题：我们的感知的状况和我们表达这些感知的能力。数理逻辑的新形式是以下列内容为先导的：弗雷格（Frege）的形式化，马赫对传承下来的科学语言的批判，毛特纳（Fritz Mauthner, 1849～1923）唯名论的语言和社会批判，以及最特别的罗素在开创性的《数学原理》中对皮亚诺（Peano）思想的精致阐发。罗素和怀特海在那本书中，阐明了算术的逻辑基础。这个逻辑导致更准确的构造和更基本的断言，它们旨在建立新的科学哲学，以便通过逻辑引进考察科学与世界联系方式的新视角。根据维也纳学派的观点，传统哲学所说的，至多是"词语的音乐"和"概念的诗歌"——那是限于艺术世界的思想模式。

维也纳学派的迫切任务就是要拒斥形而上学。因此，必须把形而上学的命题和真正科学的命题清楚地区别开。为达此目的，石里克强烈地主张可证实性（verifiability）观念。作为其助手的魏斯曼完全赞成这一观点，他说："如果你不能确定知道一个给定命题为真的任何方式，这个命题就没有任何意义；因为命题的意义就在于证实它的方法。"除此之外,维也纳学派还把寻求不同认知领域之间的统一作为自己的任务。为此种统一所确定的基本科学和实施样板是物理学。由于这种还原论观点在诸如化学和生物学中获得了一定的成功,推动纽拉特和卡尔纳普提出了令人惊异的主张,即要求每一个命题必须可被翻译为物理学语言。

玻尔兹曼(Ludwig Boltzmann)把统计概率提升为物理学内的一般分析方法,使得处理大量不同的要素成为可能。正像他所表明的那样,"统计使我们可以考察无穷总体对近孤立的子系所组成的系统的总体影响。"玻尔兹曼的熵原理公式是他对统计方法的第一个应用。对数理逻辑发展的刺激不仅来自数学,而且来自现代物理学中演进着的观念。(请回顾哥德尔早期对理论物理的研究,以及后来他对爱因斯坦相对论场方程新解的表述。)

作为原子论(认为所有的物质都由被称作原子的基本粒子构成)的倡导者,玻尔兹曼对维也纳学派有着深刻的影响,特别是他那科学模型的构成概念。对于玻尔兹曼来说,科学并没有掌握自然实在本身,它只不过是提供了自然的一些模型。比如,太阳系正被用作原子结构的一种模型。这些模型随着我们的理论变化而变化,对它们的要求是逻辑上没有矛盾,且服从于经验的审查(也就是说,它们必须与实验数据相一致)。此外,它们还必须包含尽可能多的信息,并且必须是简洁的(即最小化冗余)。

模型理论的准确表述紧密地联系于玻尔兹曼的方法。这种方法在量子力学中扮演着重要的角色,就是在今天,它对于计算机科学中的数据库和其他软件产品的设计都起到了重要的作用。

维特根斯坦早期的《逻辑哲学论》包括有关语言的数理逻辑概念方面的命题,以及维特根斯坦本人对数学的一般看法;另外,还有他与罗素的争论,这些都是维也纳学派着重讨论的课题。(有趣的是,罗素的思想本身正是哥德尔研究的起点。)

在把逻辑命题与图像进行比较的过程中,维特根斯坦阐发了他称作语言"图像论"的那些想法。一个图像可以通过某些符号形式来表达一定的物理状态;语言可以做类似的事情,但要采用不同的符号集。图像同物理实在间具有某种它所表达的关系。比方说,如果我们在照片中看到一个人的脸,那么,鼻子可能在照片和物理实在里都出现在脸的中央。不过,如果画为达利(Salvador Dali)*所作,鼻子恐怕会在完全不同的地方,或者根本没有鼻子。当然,我们也许非常想澄清图画与对象之间的关系——比如说,通过引入颜色或通过透视图——但这样的澄清法只是造出了另一幅图画,它本身要求另外的分析。在某个阶段,图画的本质必须被直接地理解,否则我们将陷于无穷回归之中。

在语言图像论中,组成语言的命题被类比于一系列的图像。进一步说,因为维特根斯坦设定了语言的逻辑结构反映着实在的逻辑结构,语言"图像"就表达了世界的**可能**状态。由此可知,当语言学陈述在原则上与世界相联系时,它们才是有意义的。那么,对世界的实际观察将指明这些陈述是真的还是假的。为作描述,我们可以说一句有意义的话:"联合国在纽约。"但若说"在联合纽于约国中"则是毫无意义的。当然,可以提出不同的逻辑规则(语法),使得后一个陈述有意义,但在我们约定的语法语境下,它根本就没有逻辑结构。因此,在语言的逻辑结构与它所断定的事实结构之间,必定存在某种共同的东西,这是图像论的主要断言。而这一断言本身不可以用作出此断言的语言来"说",而只能被"显示"。这个结论构成了维特根斯坦在《逻辑哲学论》倒数第二段的那个著名的隐喻:

> 我的命题以下述方式用之于说明:任何理解了我的人,当他使

---

*达利,1904～1989,西班牙超现实主义画家。——译者

用这些命题作为梯阶而向上攀越时，终会意识到它们是毫无意义的（nonsensical）。（就是说，当他爬上梯子之后，必须把梯子扔掉。）他必须超越这些命题，然后才能正确地看世界。

维特根斯坦要表明的就是，实在与它在语言中的描述之关系的意义（sense），不可能用语言加以表达。

于是，维特根斯坦对逻辑、语言和实在三者之间关系的"早期"研究在此终结。他的思想构造的核心可以概括为如下几个步骤：

1. 存在着我们想要描述的一个世界。

2. 我们想要用某种语言——科学语言、数学语言或其他语言——描述它。

3. 存在着我们关于世界所说的是否符合于世界之真实存在方式的问题。

4. 我们想要知道我们所说的与世界真实存在的方式之间相符合的真实性质，但我们只能使用语言本身去描述那个符合。

5. 语言的词语永远不能表达出想要表达的符合，因而我们只能求助于**显示**——就是说，使用图像论——因为不这样的话，我们就将陷于无穷回归，即描述的描述的描述……

在第5步，我们牵连到了全部哲学中最著名的一个陈述，即维特根斯坦在《逻辑哲学论》的结语中所说的那句话："凡不可说者，我们必须保持沉默。"

命题形式中的世界图像与世界本身的实际状态之间的一一对应，是维特根斯坦在《逻辑哲学论》中的基本概念，这个概念与计算机的工作方式极为近似。而且，这个观念也影响了冯·诺伊曼，他后来在20世纪40年代发展出了一种用存储程序来控制计算机操作的思想。哥德尔本人实际上从未拜会过维特根斯坦，尽管他确曾在布劳威尔（L. E. J. Brouwer）的一次讲座上见到过维特根斯坦（那是在1928年，布劳威尔在维也纳大学作了一次有关数学、科学和语言的讲演）。不管怎么说，哥德尔的观点与维特根斯坦后期把数学和语言视作一种"游戏"以及一种对生命形式的反思的概念之间，有着相当大的距离。

由于在用语言证实命题之真的方式上存在一般理论分歧，维特根斯坦最终远离了维也纳学派的观点，特别是维也纳学派1929年发表的宣言，让他觉得太具有论战的意味。在维特根斯坦身后出版的《哲学研究》中，维特根斯坦改变了他对语言的数学分析方法，转而走向更具有社会文化倾向的立场。

相比之下，哥德尔无论怎样也不会把他的思想建立于社会文化的假设之上。非但如此，他还让自己远离卡尔纳普对科学和数学的形式句法解释。终其一生，哥德尔都愿自称为"实在论者"和"柏拉图主义者"，他甚至还曾企图进行上帝存在的本体论证明。

语言、逻辑和元语言的界限及可能性，在毛特纳（1849～1923）的社会批判理论中也起着核心作用，尽管是以一种怪异的方式。不管怎样，这些思想也影响了维特根斯坦。一个明显的事实是，在维特根斯坦《逻辑哲学论》一书的前言里，毛特纳是屈指可数的几个被提到的人物之一。*实在论者把存在赋予一般概念。毛特纳对此进行了批判，他把这个思想看作权力滥用的主要基础之一。而且，毛特纳认为这种"对语言的迷信"导致了对科学分析的错误方法。毛特纳的立场跟马赫的立场相似。在写给马赫的一封信中，他曾指出："这本书[《对语言批判的贡献》，Ⅰ～Ⅲ卷]将对比我更接近语言学领域的那些人产生特别具有革命性的影响，把他们从'教条主义的迷梦'中唤醒。"

维特根斯坦把他自己的观念，即"我的语言的界限意味着我的世界

---

* 此处有误。维特根斯坦在《逻辑哲学论》的前言中并未提到毛特纳，而只提到弗雷格和罗素。维特根斯坦确实在正文的4.0031节中提到毛特纳，那句话为"所有哲学都是某种'语言批判'（尽管不是在毛特纳的意义上）"。——译者

的界限"的原则应用于数学。换句话说,数学的对象被理解为限制于可用数学语言来表述的那些实体。这隐含地假定了,数学真理事实上可通过形式化的数学语言来达到。

这个数学语言是谓词演算(predicate calculus)的语言,包括它的证明机制。这样的演算产生于把语言图式化为语言学的过程——即构造语法规则和句法形式。在这个意义上,存在着数学和科学理论的目标及其完成之间的某种并行。

希尔伯特(1862~1943)曾企图借助谓词演算来使数学形式化。在他的引导下,在格丁根这个后来成为德国数学研究中心的地方,数学家们都把语言看作用于证明的形式工具。对比之下,维也纳学派把语言当作哲学的主题,一个要从理论视角批判地探究的事物。

在维也纳学派内外数十年的无数次讨论中,哥德尔接触到了丰富的传统,他从其中汲取了直接的智慧灵感。这一切使得他离开语言的形式概念,而走向与语言的批判实在论相结合的直觉观念。无论如何,哥德尔思想上的这一发展方向是与他的个性相协调的:早在他放弃物理学而转向形式数学研究之前一年多,亦即1925年,他就第一次把自己说成是数学实在论者。

看来十分清楚,如果哥德尔从未在维也纳学习,他就永远不会在数学中探测到足以发现他的"不完全性原理"(principle of incompleteness)的深度,并进而在数学上证明它。这个光辉的发现驳斥了希尔伯特的数学纲领,也驳斥了维特根斯坦将语言的界限等同于世界的界限之观念。后来,维特根斯坦在自己哲学的第二阶段,也把哥德尔的发现看作解决可证性问题的新思路。与希尔伯特和维特根斯坦比较而言,哥德尔还看到了语言有其限度。采用希尔伯特的方法,他证明了形式系统的限度。

哥德尔因此证明,数学世界比数学语言更复杂(因此更强)。语言本身有时比思想更精确,但它同时又更弱,因为语言的句法并不允许重建所有可想象的模型。

在语言内以及通过语言可证明的,比人的思想能力所及的要少,而且,也比世界上可能有的要少(更弱)。

像哥德尔所取得的杰出成就,只在智慧高度集中时期才有可能出现,而20世纪二三十年代的维也纳恰恰提供了这样的机缘。哥德尔在数学上廓清了自指的迷宫。他以理性规则的方式,指明了进出这座迷宫的道路。

◇ 第五章

在普林斯顿的生活

在奥地利社会中，第一共和国的崩溃和1933年法西斯专制的建立，标志着现代化努力的结束。实际上，维也纳小组的所有成员都同情当时被查禁的社会民主党。对自由派和左翼力量的大规模迫害，导致这些哲学家、科学家和数学家成群地流亡，这一过程在德意志帝国吞并奥地利时达到了高潮。

1940年1月，哥德尔离开维也纳去了普林斯顿。奥地利的政治剧变在过去的十多年中，逐渐显露出它的本来面目，预示了文化和科学生活的死亡。长期以来，第一共和国的辉煌只是一个徒有其表的美丽幻象，它最终被核心深处的内在矛盾撕得粉碎。1934年，工会与社会民主党一起被禁止；非但如此，社会进步力量也遭受持续的破坏。这些打击与新闻自由等其他方面的新限制合在一起，割断了进步思想与社会生活的联系，引起了文化的衰退。

从某种现代观点来看，奥地利的法西斯主义和德国的纳粹发动了一场反对理性科学新世界的十字军讨伐。科学的方法和科学的目标之间的联系被切断了，致使某种具有偏执特征的统治结构得以产生。还在1928年的时候，亦即法西斯主义者掌握政权前六年，大多数奥地利学生就已认同德国国家主义，这种倾向反映在他们越来越强烈地要破坏由犹太人、社会主义者、自由主义者和左翼教授所组织的讨论和讲座。这些捣乱活动，特别是针对维也纳小组的进攻变得越来越猛烈，并以谋杀石里克达到了高潮。石里克一直被故意说成是犹太人（其实，他的家世源自旧的奥地利贵族）。1936年6月22日，石里克遭枪击倒在了维也纳大学的台阶上。

谋杀者是石里克过去的一个学生，叫内尔伯克（Hans Nelböck）。他因受当时普遍的情绪和同学加布里尔（Leo Gabriel）的观点启发而采取了行动。而这个加布里尔本身就是个天主教的奥地利法西斯主义者。第二次世界大战后，加布里尔成了维也纳大学的哲学教授。而内尔伯克在1938年3月希特勒的军队进驻维也纳后即被释放，他在狱中一共待了两年。

数年间，在纳粹学生中"黑名单分子"很流行，他们专门要找出那些可疑的知识分子和学者。这些学生包括海因特尔（Erich Heintel），他在战后迅速地"非纳粹化"，也成为维也纳大学的哲学教授。黑名单分子主要关注的是犹太人教师以及他们的亲密朋友和同事。尽管哥德尔并不是犹太人，但哥德尔的名字也在这个名单上，因为他是"半犹太人"哈恩的学生，还是"犹太人的"维也纳小组的成员。在同一种妖魔化精神作用下，诸如数理逻辑、集合论，还有爱因斯坦相对论都被谴责为"犹太人的"。这一切成了1939年11月哥德尔在数学研究所附近被激进的右翼学生围攻事件的导火索。（这次攻击的直接原因并不是很清楚，它可能只是由于那个时期维也纳街头总有不少小流氓在游弋，时常就会攻击看起来既像犹太人又像知识分子的人。）很幸运，他未来的妻子阿德勒那天带了把雨伞，左右抵挡才保证两人都没有被伤着。这次事件甚至使哥德尔这种不问世事的人也感到维也纳确实是个危险的地方——甚至变得一天比一天危险。无疑，对这时的哥德尔来说，大洋彼岸幽静的学术花果园中的生活，要比以前任何时候都更加具有强烈的吸引力。

哥德尔一向反对专制主义的意识形态。（就像我们后面将要看到的,他还为他的新故乡美国的民主担心。)但与爱因斯坦相反,哥德尔从来不采取公开的政治立场,他对数学问题的强烈专注,使他不希望在自己周围经历直接的政治动荡。尽管如此,这些政治变革还是不可避免地影响到他的日常生活和学术生涯。对自由主义者和左翼人士的迫害,导致他的许多朋友和老师都被迫远走他乡。

除了1936年石里克的遇害,我们还应当注意到哥德尔的导师和对话者门格尔移民去了美国。第二年,著名数学家冯·诺伊曼、经济学家摩根施特恩和统计学家瓦尔德也作出了同样的选择。接着,在波普尔帮助下,魏斯曼也在1938年去了英格兰。此外,维特根斯坦本人自从1929年起就扎根剑桥了。哥德尔的哥哥曾谈到这个时期的情况:

> 1933年,也就是纳粹在德国掌权的那一年,并没有唤起我对维也纳的特别回忆。因为我们都对政治毫无兴趣,所以也不能对那个事件作一个恰当的评价。

> 两个事件立即引起了我们的高度关注:陶尔斐斯总理和哲学家石里克被谋杀。我的弟弟就活跃在石里克的那个圈子里。所以后一事件确实使弟弟陷入某种严重的精神危机之中,导致他有一段时间不得不住在疗养院里,这自然是让母亲操心的一件事情。弟弟康复后不久,即被邀请去美国任客座教授。因为这项邀请,也因为维也纳的生活对我们来说越来越昂贵,而我们的经济来源都在捷克斯洛伐克,这一切促使母亲回到布尔诺的别墅去了——那是1937年,换句话说,是希特勒占领奥地利的前一年。母亲那时同别墅的捷克管家相处有点儿别扭,因为公开张贴的红色布告不断地宣布处死捷克的"卖国者",使得当时的捷克人自然而然非常仇视德国人。我们的母亲就这样在布尔诺熬过了第二次世界大战。

　　因此,政治形势导致哥德尔的家庭成员被迫分离。小鲁道夫留在维也纳,担任一家大规模射线照相术研究所的主管,这个职位使他得以免服兵役。

　　在1933~1940年,哥德尔穿梭于维也纳和普林斯顿新建立的高等研究院,那时研究院仍在普林斯顿大学范氏大楼里。哥德尔对普林斯顿的第一次访问从1933年秋天持续到1934年的5月。回到维也纳一年以后,他于1935年重返普林斯顿。但他几乎是马上因健康原因又回到维也纳。1938年,哥德尔接受邀请,去研究院担任一个临时职位,那最终让他在普林斯顿获得教授职位。由于在普林斯顿和维也纳之间频繁往返,哥德尔经常不得不取消在维也纳数学研究所的课程。出于同样的原因,他避开了1934年2月间奥地利国内斗争的纷扰。

　　1933年,在哈恩主持下[还有维尔廷格尔(Wilhelm Wirtinger)、蒂林和门格尔作推荐人]完成**资格确认**后,哥德尔成了维也纳大学的**无薪教师**。以此资格,他有了主持讲座的权利。不管怎样,他并没有任何固定的收入,因此只能靠从父亲那儿继承来的遗产生活。尽管他在数理逻辑方面取得了划时代的成就,但维也纳大学并没有给他一个与其成就相称的职位;对哥德尔的这种怠慢,很清楚地反映了那个时代的政治背景。还好,普林斯顿高等研究院较早意识到哥德尔辉煌的成就,部分地纠正了这种不公正。

　　哥德尔在高等研究院的讲座实质性地促进了波斯特(Emil Post)和丘奇(Alonzo Church)所开创的美国逻辑学派。哥德尔是第一个使用递归函数概念更准确地定义了算法概念的人。对于递归函数,存在着机械的规则,可以从一些初始的值开始,一步接一步地,从先前的值计算出函数值。向前迈进的这一步构成了**可计算性原则**的基础,而此原则如今对计算机科学中的理论工作不可或缺。这些成果使克伦(Stephen Kleene)有能力(部分地)发展了他的递归函数理论,从而使算法概念更加精确。紧接着，丘奇又提出了现在叫做丘奇论题的想法，这个论题断定递归函数概念可以等同于直觉的、非形式的能行的"计算"概念*。后来，在同样的背景下，哥德尔的学生罗瑟(J. B. Rosser)又使得**不完全性原理**更加精确。

就我们个人的看法来讲，哥德尔生活中最具有决定性的事件，是1938年9月20日他同阿德勒结婚。比哥德尔大几岁、以前还同摄影师宁博斯基结过婚的阿德勒，有着通情达理的气质和非常乐观的天性。阿德勒真可谓哥德尔的生命线，她对他的吸引力既含母性，又具强烈的感情。早在他们刚相识的时候，她就用雨伞挡住了纳粹分子的袭击，使库尔特免遭伤害。后来，当哥德尔偏执性的多疑使他确信有人要对他下毒时，她又担当了哥德尔的"试食侍从"的角色。在那个时期，阿德勒坚持一勺一勺地喂哥德尔，使他的体重从106磅上升到140多磅。

婚后两周，哥德尔又一次对维也纳和他的妻子说再见，为的是去高等研究院参加1938/1939新学年的工作。同时，德国的新当局应哲学系主任冯·克里斯蒂安(von Christian)教授的要求，撤消了他在维也纳大学的无薪教师资格。这项要求是被教师议事会的主管人马尔谢特(Marchert)博士批准的。令人惊奇的是，哥德尔又曾申请"新级别讲师"的新职位，以替代他过去的无薪教师职位。而且，一年后申请真被柏林的帝国政府批准时，哥德尔还实际上接受了这个职位，那是他在普林斯顿定居以后。

在哥德尔于1939年最后一次回到维也纳时，他竟要被应召入伍。尽管他对自己的健康总是感觉不好，却被认为完全有资格在前线服兵役。他立即求助于维布伦，当时的高等研究院院长，终于又得到一个访问学者的职位。因此，哥德尔和他的妻子得以于1940年1月离开了维

---

*　即直觉上说的"能行可计算"。——译者

也纳。由于英国无法通行,故不能直接横跨大西洋,夫妇俩只好先经西伯利亚铁路到日本,然后又从日本乘船到旧金山。他们于1940年3月抵达普林斯顿。哥德尔从此再未踏上过欧洲的土地。

高等研究院

普林斯顿是哥德尔后半生的家乡。在那里,哥德尔进一步发展了其数学工作的许多方面,同时,他对自己的数学发现的哲学蕴涵给予了越来越多的关注。

现在的普林斯顿是个相当拥挤的地区,但在哥德尔刚去的时候还是新泽西的一个绿色小城。同现在一样,从纽约城驱车来到此地,只要一个小时。翠绿的大学边上那安静的、殖民地时期风格的木房子,以英国的剑桥为样本的新哥特式的校园,为像哥德尔这样的数学家创造了理想的氛围。高等研究院的目标就是为最杰出的科学家和学者提供超一流的工作条件。这里没有教学任务,没有学生,只有很少量的几个委员会,也少有来自学者的冥想式生活的干扰。

除了爱因斯坦,哥德尔还与著名物理学家、"曼哈顿计划"负责人奥本海默(J. R. Oppenheimer),世界著名数学家冯·诺伊曼、外尔、维布伦,以及许多其他名扬四海的大人物有来往。1940~1946年,哥德尔在研究院的任命都是暂时的,需要每年更新,但1946年他得到了一个永久职位。1953年,在爱因斯坦和冯·诺伊曼的鼎力推动下,他最终获得了正教授职位。

哥德尔在数理逻辑方面的划时代工作早在20年前就完成了,很奇怪普林斯顿高等研究院拖了如此长的时间才让哥德尔晋升到相应水平的职位上。一种可能是,有一些哥德尔提职的"反对者",他们觉得研究院的成员里已经有足够的"厉害"人物了。另一些人把这种不适当的拖延归结为哥德尔过分地固守自己的成规,他对于被邀请来高等研究院这样的事都要考虑再三,延缓了高等研究院的一些例行程序的运作。哥德尔与高等研究院行政方面的接触,可在下面的描述中略知一二。蒙哥马利(Deane Montgomery)是当时哥德尔研究工作上的同事,他回忆道:

> 他实际上是研究院中很认真的一个成员,参加教师的活动比许多人想象的要热心得多……他其实对研究院的职位是很感兴趣的,对暂时性的职位如此,对长期性的职位就更是如此。在决定候选人资格方面,或者说对研究院的成员要求什么资格方面,哥德尔遇到的麻烦在研究人员的议事会中就显示出来。因此,我们决定加以改变——为逻辑专门设一个委员会。我本人自愿参加这个委员会。哥德尔因此便与我建立了定期的联系,但大部分是通过电话。因为哥德尔宁愿在电话上简单地谈事情,也不愿意见面,甚至当我们两人都在研究院时也是如此……而当邀请他顺便来面谈某些事情时,他也会说:"就在电话上跟我谈吧。我们可以在电话上安排这件事情。"但有时候我会说:"我觉得这个题目太复杂,不好在电话上讨论。"他就同意我去,直接讨论这件事情。看来他觉得通过电话更安全,也许是因为,如果他觉得太累时,他可以挂断它。我其实不知道为什么。可能是他觉得与人走得太近是一个负担,那让他觉得麻烦。

哥德尔在私人交往中也宁愿使用电话——他经常在电话中与横跨大陆的人们交谈数小时。一般来说,他有喜欢离群索居的名声,但他同爱因斯坦之间建立了有限度却相当紧密的联系,最引人注目的是他每天同爱因斯坦一起步行往返于高等研究院的办公室。他还尽量避免在公开场合露面;他最后一次讲演是1951年给美国数学学会的吉布斯讲座。就是对纪念他60岁生日的学术讨论会,他也只是发了个电报。在高等研究院的同事们中间,他只跟爱因斯坦、经济学家摩根施特恩和逻辑学家鲁滨逊(Abraham Robinson)有着亲密的友谊。

在普林斯顿,哥德尔大大地减少了他在数理逻辑方面的工作,也许是因为解决某些问题,诸如集合论中的一些问题,确实比较困难。但他的确仍持续研究**选择公理**和**连续统假设**等问题。这两个问题中的第一个看起来是相当简单的论断,给定由集合$A, B, C, \ldots,$ 所组成的类,在每一个此类(可能是无穷的)集合序列中"选取"一个元素而构成一个新集是可能的。连续统假设与此密切相关。它只不过断定,不存在介于自然数$1, 2, 3, \ldots$ 的可数无穷和实数的不可数无穷之间的无穷分层。然而,相较哥德尔在维也纳时期的高产,人们确实注意到有明显的不同。

普林斯顿时期哥德尔在数学产出上的减少,可能出于许多因素的综合。首先,对数学家来说,在他们年轻的时候做最具创造性的工作,是很自然的事情。然后,他们将利用往后的时间来修饰自己早期的工作,甚至把早期的工作哲学化。在哥德尔身上,情况恰恰就是这样。特别是,他思想的兴趣已发生了决定性的转变,转向了哲学,包括上帝存在和灵魂转世问题。导致他数学产出衰退的另外因素,无疑还有他对自己的健康状况所怀有的不断增强的忧虑,这一点已使得他几乎完全隔断了与其他数学家的社会联系。考虑到所有这一切,如果他还能不断产出世界级的数学成果那可真让人惊奇了。是的,事实上他没有。

在哥德尔来到普林斯顿以前,他在逻辑方面所做的基础性工作就已经进入数学经典之列。20世纪40年代早期,哥德尔把他的主要注意力转向了数学哲学。他的哲学兴趣在他年轻时就已经显露出来,那还是他住在吉姆纳西乌的时候。此后,在维也纳他一直保持着这一兴趣。他对维也纳学派中讨论的那些概念的思考——特别是对卡尔纳普所提出的那些概念——都需要衬照于这个背景来考察。首先,哥德尔的兴趣在于形式逻辑系统的公理结构及其分析,还有上述系统的语境(空间与时间),适用于任意集的普遍概念,以及人们以"证明"所意味的东西。很奇怪,也许是在20世纪50年代,哥德尔的兴趣转向了灵魂转世的概念。

实质上,哥德尔认为来生必定存在,因为世界从其基本的方面来说是有意义的。他的论证是,人的潜能从未在一生一世中实现。因此,必有来生,以使潜能可以实现;否则,人生将无意义。这个论证使人联想起多种以人为本的、关于世界为什么像它所示的样子而不是另外样子的解释。有趣的是,哥德尔的来生信念与有关上帝的信念没有任何关系。事实上,没有证据表明哥德尔相信基督教形式上的神性。他的论证一直合理地以下述原则为基础,即世界和世界中的万事万物都有意义或理由。这紧密相关于作为全部科学基础的因果性原理:每一件事情都有原因,而且,事件都并非刚巧"发生"。

在20世纪四五十年代,哥德尔发表了他论罗素(1942)、爱因斯坦(1949)和卡尔纳普(1953)的工作的一部分文稿;今天,这些成果已成为数学哲学的基本文献。然而,其他一些关于莱布尼茨(1943～1946)、康德(1947)以及胡塞尔(Husserl)(1959)的著作都从未发表,只是他死后才为人所知。哥德尔的导师门格尔认为,哥德尔在学术成就上的这种不成比例,反映了他与同行之间缺乏富有成果的交流。门格尔坚称,哥德尔的天才在普林斯顿真的是被浪费了。

在他的哲学工作中,哥德尔接受柏拉图主义的观点。数理逻辑学家王浩以下述方式描述了哥德尔的这一立场:

把哲学当作一种精确理论可以看成哥德尔概念实在论的一种应用。它意味着要让正确的视角成为可能,以使基本的形而上学概念得到澄清。说得更清楚一点,他力图阐明,精确理论的目的就是决定基本的概念C,并发现它的公理A,以使只有C满足这个公理,且A是我们原初关于C的直觉的一部分……这个理想紧密联系于哥德尔哲学的其他方面。比如,哥德尔解释说,如果一般地描绘这个理想,它就对应于莱布尼茨的单子论(的形而上学体系)。

终其一生,哥德尔都是天主教会的反对者;但他确实有一种抽象的宗教意识,他相信上帝存在的逻辑可证性。从康德开始,我们就已经知道人格上帝(personal God)的证明是不可能的。在哈茨霍恩(Charles Hartshorne)思想的基础上,哥德尔提出了一个逻辑上帝(logical God)存在的证明。

早在1948年,哥德尔就决定加入美国籍。以自己特有的刨根问底方式,他仔细地研究了美国宪法,准备参加入籍考试。在考试的前一天,哥德尔打电话给身为著名经济学家的朋友摩根施特恩,他以有点惊愕却又十分激动的心情告诉后者,自己在美国宪法中发现了一个逻辑漏洞,利用这个漏洞,可以把美国变换为一个专制制度。摩根施特恩第二天将与爱因斯坦一起作为哥德尔考试的见证人,他告诉哥德尔,该发现的可能性带有很大的假想成分,且关系极其间接。他还特意叮嘱哥德尔,第二天同法官会面时千万别提这件事。

第二天一早,爱因斯坦、摩根施特恩和哥德尔一道驱车去往新泽西州首府特伦顿的联邦法院,入籍考试在那里举行。正像传说的那样,爱因斯坦和摩根施特恩一路上一直讲故事、说笑话让哥德尔高兴,以免他去想将要到来的考试。在面试中,法官简直被哥德尔如此著名和杰出的见证人镇住了,甚至打破常规请他们在考试中一直坐着。法官一上来就对哥德尔说:"到目前为止你一直拥有德国国籍。"哥德尔纠正了这个小疏漏,指出他是奥地利人。法官也没觉得怎么尴尬,继续说道:"不管怎么说,那个国家曾在罪恶的专制制度下……不过幸运的是,这在美国是不可能的。"当**专制**这个词像变戏法一样蹦出来的时候,哥德尔可不愿自己的观点被否定,大声喊道:"恰恰相反,我知道这如何可能发生。而且我可以证明它!"根据各种流行的说法,当时不但爱因斯坦和摩根施特恩,连法官也一起努力让哥德尔安静下来,以免他继续就他的"发现"发表详细而冗长的谈话。

这个故事十分准确地描述了哥德尔坚持自己所认定主张的思想风格,正是这种思想风格使他的目光可以洞穿希尔伯特纲领的心脏,向世人宣布大师也可能误入歧途。

哥德尔和爱因斯坦

哥德尔在普林斯顿的离群索居是两个原因的结果,一是健康状况,另外就是他天生的腼腆。在小城中心的纳索大街住了很短一段时间,他就搬到林登路129号(后来改为145号)木结构的房子里,最终在1948年买下了它。他一直同妻子住在这里,直到去世。许多从德国和意大利移民来的工人都是他的新邻居。这次搬家是阿德勒鼓动的,她希望与其他讲德语的人住得近一点。比较起同事们的房子,例如冯·诺伊曼的房子,哥德尔的住所就太一般了点,而且还住在一个"不大合适的城区"。

哥德尔移民后再也没有离开美国,这在一定程度上反映了他对奥地利评价很低,此点正像经济学家摩根施特恩的妻子多萝西(Dorothy)所描述的那样。她注意到,"他知道人们都知道的每一件事情——许多人在希特勒之前就是纳粹分子。而且他还知道他们的真正观点。我相信他没感觉到有任何向往或需要,在(离开)以后还要回到那里去"。

基于这些想法,哥德尔拒绝了1966年维也纳大学授予的荣誉教授职位。尽管他的妻子经常回欧洲,但哥德尔一直推迟他去维也纳看望年迈多病的母亲的计划。而他的哥哥小鲁道夫和母亲曾几次来普林斯顿看他。

在20世纪50年代,哥德尔的健康状况就不断恶化。他对自己病况的自疑变得更厉害了,偏执狂也更强烈地发作。他的医生朗波纳(Rampona)博士指出:"他实际上是个很难对付的病人。有一次他咯血,我被请到他住处。我诊断是溃疡引起出血,但他拒绝去住院,最后只有爱因斯坦的说服艺术才使他改变了主意。"

卡勒(Lili Kahler)是哥德尔家的一个老朋友,她也描绘了这样一幅使人感到困窘的情景:

> 他总是自己做自己的饭,甚至也不让阿德勒那样的好厨师为他下厨。除了他坚持要用自己的食谱这个原因之外,还有就是他的偏执,他相信人们都想要毒死他。那么我只能这么说,他几乎要把所有事情都推向极端。

她所说的"几乎要把所有事情都推向极端"是指,哥德尔宁可饿着肚子,也决不吃他认为可能有问题的食品。

哥德尔精神上的郁闷看来部分源于他体验到的某种负罪感,因为他未能完成他在高等研究院的工作。在他对多萝西所说的一段话中反映出他的心情:"不,我未能完成人们指望我在研究院完成的工作。作为这里的教授,人们希望我做得更多,比别人更忙。"

焦虑、负罪感和偏执狂的发作,最终使他不得不去看一位心理医生,那医生就是著名的许尔森贝克(Richard Huelsenbeck)[在纽约以许尔贝克(Hulbeck)之名为人所知]。此人以前是苏黎世达达运动的成员,也是画家里希特(Hans Richter)和杜尚(Marcel Duchamp)的朋友。

很明显,这些持续发生的危机导致他与阿德勒之间的关系相当紧张。当哥德尔陷于自我封闭的时候,阿德勒经常一整天地斥责哥德尔。她一直觉得高等研究院说到底就是个"养老院",因此她在普林斯顿感觉从来就没好过。惠特尼(Hassler Whitney)回忆起哥德尔最后的那段日子,当时阿德勒也病得很厉害:

> 比方阿德勒会说:"我从未见过研究院里的任何人,也没有任何人打电话给我。"这时哥德尔就回答说:"好好想想,比如那回你跟他说话的那个人,那就是研究院的人。"她就说:"噢,不,我从未见过任何人。"然后他就听她说话,等着发现不准确的地方,再对她解说错在哪里。但她在这方面想要的是表达她的感情,可他却体察不到。如此一来,两人谁也不理解问题究竟出在哪儿。

在走向生命终点的最后旅途中,哥德尔越来越陷于某种神秘主义。甚至于从他年轻时起,他的生活和思想方式中就浸润着对纯粹精神的、本质上是非物质的存在的追求。他的藏书中有作家凯斯特勒(Arthur Koestler)写的谈印度哲学和瑜伽的书。在同类的一本书中,定(Samadi)被描述为瑜伽的最终目标。从生理上说,定就意味着心跳、呼吸和消化的减弱。从精神上说,它意味着一种纯粹意识的状态——也就是没有任何意志力和除意识本身之外的任何其他内容的意识。也存在着最终的定,入定至该境界的个人可以自主地脱离苦海,受其束缚的肉体和自我随之寂灭。

如果我们愿意,我们可以给哥德尔的神秘主义和他的柏拉图主义一种典型的维也纳解释,那种解释本质上是精神分析。根据这种观点,哥德尔固着于他的母亲,其依恋通过一种对实在的否定——或者说一种向着抽象的数学理念世界的过度逃避——来表达。

哥德尔 1978 年 1 月 14 日于普林斯顿医院与世长辞,直接致因是

"营养不良和饥饿"。他的医生朗波纳博士描写道:"那段时间里他拒绝一切食品。他从来就吃不了多少,而他最后的体重只有约60磅,死的时候身体蜷曲着。"

不管精神分析的解释看起来多么头头是道,医生们还是注意到在老人身上常发生的消化问题。他过世时蜷曲的身体可简单地解释为低温症所致的胃痉挛的结果,而低温症本身又是代谢率太低的后果,如此低的代谢率不足以维持身体的热量。不管到底是怎么回事,现在还是让我们把这些问题和有关哥德尔奇特的生活与死因等暂时放在一边。我们来考察一下哥德尔思想成就的范围,以及他的工作对科学、逻辑和哲学整个领域的影响。

第六章

计算装置与数学

考虑如下两个论证：

论证 A

每个人都爱一个情人。

乔治不爱自己。

因此乔治不爱玛莎。

论证 B

要么每个人都是一个情人，要么某些人不是情人。

如果每个人都是情人，沃尔多一定是情人。

如果每个人都不是情人，那么至少有一个人不是情人；称这个人为默特尔。

因此，如果默特尔是情人，则每个人是情人。

这是精心编制的、混淆人的思维并且有逻辑不一致倾向的论证。也许会令大多数人感到惊异，这样两个推理链居然是逻辑上正确的。如果我们拥有能输入这类陈述的逻辑机器，而且这样的机器还能确切地告诉我们这样的推理链是否逻辑有效，岂不是件好事！逻辑学家把这种机器称为**判定程序**（decision procedure）。实际上，20世纪30年代，英国年轻的数学家图灵（Alan Turing）正是对这种程序进行考察而最终推进了计算的基础研究。言归正传，让我们来集中讨论一些思想，它们是基于对逻辑上正确的东西以及事实上是真的东西进行区分的，例如要区分像A和B这样的推理与现实世界的某个乔治真的不爱某个玛莎这类事情之间有什么不同。

在逻辑和数学中，通向真的道路是靠今天我们称为形式系统的铺路石铺就的。在第二章中，我们已经认识了这种对象的实质。总的来讲，一个形式系统的组成包括如下内容：一个抽象符号的字母表；一套形成合乎语法符号串的语法规则；一个由合乎语法且不需要从其他符号串导出的简单符号串构成的公理集合；一些逻辑推理规则，这些规则告诉我们如何从已有的符号串构造新的、语法上正确的符号串。

现在假设给定一个合式（well-formed）陈述 A，问它是不是从系统的公理得出的逻辑上正确的结论。如果存在一个有穷的陈述序列 $M_1 \rightarrow M_2 \rightarrow M_3 \rightarrow ... \rightarrow M_n = A$，其中每个 M_i 或者是系统的一个公理，或者是由序列中在前的 M 通过使用推理规则得到的，我们就说 A 是在系统中**可证的**（provable）。如果对一个合式陈述存在这样一个**证明序列**（proof sequence），就称它为该形式系统的**定理**。前面我们曾经看到过这样的例子。为了明确这一思想，试看另一个例子：下国际象棋。

一个直接的想法是，下国际象棋实际上就是由黑子白子构成的一个抽象符号集和棋盘方阵构成的另一个抽象符号集之间的关系。简单讲，这里完全可以不涉及这些抽象符号在下棋意义上的具体含义。因此，例如，我们可以指定任何一个符号集代表棋子，再用另一个符号集（如1，2，...，64构成的正整数集）代表棋盘方阵。这样一个符号系统的语法将指明，什么样的符号串（陈述）是合式的（即代表棋盘上棋子的有效结构，例如，黑象不能位于白格上）。这样，语法正确的句子就代表下棋的任何一个阶段的可能状态。此外,这个形式系统的推理规则不过是把一个合式符号串转换成另一个合式符号串的各种不同途径而已。换句话说,推理规则代表在下棋的任何阶段可允许的各种走法。最后,下棋的惟一公理是对应于开局时初始格局的符号串。

于是,我们看到,棋子和棋盘的真实世界可以翻译成只包含抽象符号、推理规则和公理的游戏的形式世界。这种论证思路同样可应用于每一种能够用有穷多词汇描述的其他真实世界的状态,后面我们会详细讨论这一点。

让我们再次强调,这里混淆了两个完全不同的世界:一个是形式系统的纯粹符号世界,一个是由数学对象和它们的性质构成的意义丰富的世界。两个世界的每一个都有一个真概念:形式系统中的是定理,数学实在世界中的是像"2 + 5 = 7"和"平面三角形内角之和等于180度"这样实际上正确的陈述。正如我们在第一章看到的,两个世界的联系取决于通过对象和数学结构的运算对形式系统元素所作的解释。一旦这种词典编好,相应的解释建立起来,我们就可以期望,一定存在一种数学结构的真事实和形式系统的定理之间完美的一一对应关系。

我们通常愿意处理的是那种能把每一个真命题都翻译成定理,反过来每一个定理都翻译成真命题的形式系统。这样的形式系统称为**完全的**(complete)。我们将会扼要考虑,符号世界和数学事实世界之间的这种理想关系究竟能够达到的程度。不过现在,让我们在符号和规则的形式世界中暂时止步,尝试着稍微深入到计算机器和基于规则的形式系统中,进行一番内部和外部的观察。

受所谓的**判定问题**(Decision Problem)激发,图灵设计出了如今被称作**图灵机**(Turing Machine)的理论装置。判定问题可表述为:对任何形式系统 F,能够找到一个有穷可描述的形式系统 F,"判定" F 中的任何符号串是语法正确的吗? 一个近似的表述是,是否存在一种系统的判定程序能够告诉我们,任何给定的形式系统 F 的合式符号串是否为系统的定理。

图灵对判定问题的兴趣,促使他构造了现代计算理论中的核心元件——图灵机,这导致了判定问题的图灵解,而图灵本人在计算理论的情境中实现的问题解,完全与哥德尔在数理逻辑中所获得的结果一致。现在让我们转向图灵对判定问题的独特解。

神奇机器和忙海狸

什么是计算?说来也怪,尽管人类已经有几千年的计算历史了,但是直到1935年才有人对这个看似简单的疑问给出了一个真正科学的答案。这一年,图灵还是剑桥大学一位正在选听数理逻辑讲座课程的大学生,课程的一个中心课题是,能否存在一个有穷的规则集合——实际上是一种**机制**(mechanism)——可解决一些问题,例如,用罗素和怀特海的名著《数学原理》中的语言可以阐述的,关于数的每一个可能陈述之真假的问题。一言以蔽之,是否存在一种机器,通过输入任何关于数的陈述,在有穷时间内,机器能够输出关于这个陈述是真还是假的判定结果。

图灵关于若拥有这样一套机械程序或称**能行进程**(effective process)对解决判定问题之意义的推测,引导他研发出一种数学型计算机。这种称为"图灵机"的抽象装置首次对计算的实现问题提供了完满的解答。

图灵采取通常意义上的策略,考察人类在做实际计算时究竟遵循怎样的程序。经过他的抽象,计算所遵循的这种程序被总结成一套依照规则行事的机械方法。例如,如果我们想计算2的平方根,就可以遵循如下规则造一个数的集合 $\{x_i\}$,(我们希望)它会收敛到数值

$\sqrt{2}:x_{n+1}=(x_n/2)+(1/x_n)$。从初始近似值（猜测值）$x_0=1$ 开始，这一规则相继生成越来越好的近似值：$x_1=3/2=1.5$，$x_2=17/12=1.4166$，$x_3=577/408=1.4142$。刚好三步以后，我们就得到了期望接近确切答案的 4 个有效数字。就我们的目的而言，重要的不是求 2 的平方根的所谓牛顿–拉弗森方法的收敛速率，而是找到期望数值的一种纯粹的、一步接着一步的机械程序［技术上就是一个**算法**（algorithm）］。

　　程序中的每一步都是完全严格指定的，这一事实使图灵相信，构造一个实现计算的机器是可能的。一旦将算法和初始值给予机器，一系列结果的计算就会变成不含人为判断或干涉的、按照程序实施的纯粹机械行为。但是，完成这类计算任务需要一种特殊类型的机器，不是任何机械设计都能做到这一点。图灵的聪明才智表现在，他所发明的极为原始的抽象计算机器类型，实际上就是人们能够想象的最一般类型的计算机。的确，现实生活中造出的每一台计算机，都恰好是图灵设想的机器的一种特例。这个结果对于理解机器的极限非常重要，值得我们花费一点笔墨作更详尽的讨论。

图灵机

　　一台图灵机由两部分组成：（1）一条无限长的带子，它被分成许多小方格，每一方格相当于有穷符号集中的一个符号；（2）一个读写头，可以是计算程序每一阶段状态或构型的有穷数值之一。这个读写头可以读带子上的方格，也可以往每一个方格上写一个符号。图灵机的行为由算法，即现在我们称作**程序**（program）的东西来控制。程序是由有穷数目的指令构成的，其中的每一条指令从如下可能的操作集合中选出：更改或者保留读写头上的当前状态；打印一个新的符号，或者保留当前方格上的旧符号；向左或向右移动一个方格；停机。刚好有 7 种可能的操作。一台具有从 A 到 L 的 12 个内部状态的图灵机的所有情形都在图

6.1中表达了。在此过程的任何一步,读写头究竟选取7种可能操作中的哪一种,由读写头当前状态和它在方格上读到的当前显示来决定。现在,我们与其在此继续谈论这些抽象的术语,不如通过一个具体的计算实例来理解这样一个装置是如何运行的。

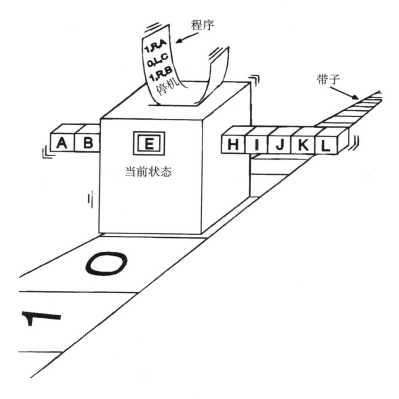

图6.1 12态图灵机

假定我们有一台具有A,B,C三种状态的图灵机,可以写在带子上的符号恰好是两个整数0和1。现在,假定我们要用这台机器进行两个整数的加法运算。为精确起见,我们用带子上相继的n个1来代表整数n。表6.1中表达的程序有助于用这台三态图灵机做任意两个整数的加法。

表6.1 关于加法的图灵机程序

状态	读入符号	
	1	0
A	1，R，A	1，R，B
B	1，R，B	0，L，C
C	0，停机	停机

读者可以按照如下方式解释表上的各项指令：第一项是读写头要打印出的符号，第二项是读写头移动的方向（表明是向右R还是向左L），最后一项是读写头接下来将移入的状态。注意，一旦读写头进入状态C，机器将会停机。让我们看看对于2加5这个特定运算它是如何操作的。

由于我们的兴趣是用这台机器做2加5运算，于是我们把2个1和5个1放在另外的空白输入带子（全是0的地方）上，用一个0把它们分开，以区别两个不同的数。然后机器通过读这个输入带子开始启动。

…	0	1	1	0	1	1	1	1	1	0	0	…

按照约定，我们假定读写头从状态A开始读左边第一个非零符号，这个符号是1。于是，程序告诉机器在方格上打一个1，再移到右边，并且保留它的内部状态A。读写头现在仍是状态A，而且读到的当前符号还是一个1，于是机器重复前一个步骤，然后再向右移动一格。现在，由于有一个改变，读写头读到一个0。程序告诉机器打一个1，移向右边，同时状态调整到B。后面的步骤我们留给读者完成。带子结束时，除了将2和5分开的0已经消去（即带子如所期望的那样将有7个1连成一串）之外，看上去完全像前述的那段输入带一样。

在考察图灵思想的革命性意义之前，我们想强调，图灵机肯定不是日常的物理装置意义上的机器，而是一种完全由它们的程序决定的"纸上计算机"。因此,我们在下文使用"机器"(machine)这一术语时,读者应当读作程序或算法(即软件),而且应当将所有硬件概念置之脑后。这种对"机器"一词的特殊用法,隐含在图灵的无穷长存储带子的想法中,而且作出如下尽可能清晰的区分是重要的:图灵机 = 程序。就是这么回事。

现代计算装置,甚至像用于写作本书的个人计算机,大多看上去更复杂一些,而且比一台图灵机的计算功能强大得多。图灵机的内部状态很少,其读写头功能也非常有限。然而,这并不是全部。图灵的天才之处在于,他认识到,在任何计算机器上可执行的任何算法(即任何程序)——理想化了的或其他的——也可以在他那种特殊的机器类型,称为通用图灵机(universal Turing machine,简记为 UTM)上执行。于是,除了完全由硬件部分决定的计算机的速度外,并不存在个人计算机能做而 UTM 不能做的运算。

详细阐述 UTM 的特性使图灵意识到,不仅问题的输入数据可以编码,而且程序自身也能够用一串 0 和 1 编码。于是,我们可以把程序看成另一种输入数据,与程序数据一道写在带子上,表 6.2 标出了众多编码方法中的一种。

把握了这一关键思路后,图灵设计了一种程序,当给定 P 作为它的部分输入时,这个程序能够模拟 P 的任何其他部分程序的行为(换言之,他构造了一台 UTM)。一台 UTM 的运算是它自身的简化。

假定我们有一台由程序 P 确定的特定图灵机。由于一台图灵机完全由它的程序所决定,我们需要做的就是,连同输入数据一起将程序 P 输入这台 UTM。之后,UTM 将按输入数据模拟 P 的行为;在原型机器上运行程序 P 和让 UTM 装成图灵机 P 之间不会有可识别的区别。

表6.2 图灵机语言的一种编码方案

程序语句	编码
输出 0	000
输出 1	001
右移	010
左移	011
如果当前格上有 0 则转向 i 步	10100……01 重复 i 次
如果当前格上有 1 则转向 i 步	11011……01 重复 i 次
停机	100

从理论上讲,图灵机的重要之处在于,它表达了一个形式数学对象。因此,随着图灵机的发明,我们第一次有了一个关于计算的良定义概念。但是随之也提出了一个问题:我们能精确计算的是什么?特别是,存在一台能够计算每个数的合适的图灵机吗?或者存在永远超越计算极限的数吗?在1936年发表的那篇里程碑式的论文中,图灵自己强调了这个可计算性(computability)问题,文中引进图灵机概念就是作为回答这些基本问题的一种方式。

首先,我们得搞清楚一个数是"可计算的"是什么含义。简单地取一个整数 n,说它是**可计算的**,是指如果有一台图灵机,从一个完全是0的带子开始,在有限步骤内停机,并且带子上有 n 个1连成一串,而其他地方全是0。由于大多数实数由无穷多位数组成,计算一个实数需要一点技巧,以至于如果有一台图灵机能够一个接一个地相继输出一个实数的各位数字,我们就称这个数是可计算的。当然,在无穷情形下,一般来讲机器将一直运行下去不会停机。按照这些定义,让我们考察一下我们计算数的能力的极限。

不难看出,对于一台读写头有 n 个可能状态,带子上可以写两种可能符号的图灵机,恰好可以精确写出$(4n+4)^{2n}$种不同的程序。这表明n态机器至多能算出这么多的数。令n取值$n=1,2,3,...$,我们得出,图灵机至多能算出数的一个可数(countable)集合——即集合的所有元素能与正整数[可计算数(counting number)]的一个子集建立一一对应关系。但由于实数之量"不计其数",我们就得到一个似乎令人吃惊的结果,即大多数实数不是可计算的。

这个计数论证也是证明存在不可计算数的一条论证途径,尽管只是一条间接的途径。图灵本人采用了更直接的论证过程,它是基于**康托尔对角线方法**(Cantor's diagonal argument)做出来的。这种方法的大致思路是,先考虑如下名单:Smith,Otway,Arquette,Bethel,Bellman,Imhoff。接着,取第一个人名的第一个字母S,按照字母顺序找到它后一位的字母,就是T,然后以同样的方式处理第二个人名的第二个字母、第三个人名的第三个字母……结果就会得到"Turing"。显然,我们承认"Turing"这个人名不可能出现在最初的名单上,因为,它肯定与名单上每个人的名字至少有一个字母不相同。

图灵遵循同样的思路论证存在不可计算数。假定我们列出所有的可计算数,并按照它们的十进位小数展开(尽管这样一张表可能有无穷长)。现在,取第一个数的第一位数字的前驱数,再取第二个数的第二位数字的前驱数,……,一般地,取第k个数的第k位数字的前驱数,于是我们构造了一个新数,这个新数肯定不在最初的数表里,因为它与表上的每一个数至少有一位数不同,但是根据定义,这个表包含了所有的可计算数。因此,这个新数肯定是不可计算的。

由前面的论证我们看出,在"算术百鸟园"中,不可计算数一定不是稀有的"珍禽"。实际上,可计算数才是极个别的,而通常的数大多是不可计算的。这个令人吃惊的事实表明,我们日常的个人生活和专业生活中所处理的所有的数——它们从性质上说必定都是可计算数——形成了所有可能的数的一个极小子集。绝大多数的数是任何类型的计算机器都不能计算的。现在让我们看一个特殊的不可计算量的有趣例子。

忙海狸游戏

假定给你一条完全是0的输入带子。我们的游戏要求你,对于一台 n 态图灵机写出一个程序,使得:(1)程序最终要停机;(2)程序在停机之前要输出尽可能多的1。显然,能输出的1的数目仅仅是机器的有效状态数 n 的函数。实际上,按照程序不能永远运行下去的要求,如果状态数 $n=1$,结果能输出的1的最大个数只能是1。如果状态数 $n=2$,可以证明,在程序结束之前能输出的1的最大个数是4。我们把在程序结束前,能输出的1的最大个数是 n 的程序称为 n **态忙海狸**(n-state Busy Beavers)。表6.3给出3态忙海狸的程序,下页的图6.2显示了这样一个程序如何在停机前在带子上输出6个1。(注意:带子读写头的位置在图中以黑体表示。)

表6.3 3态忙海狸

状态	读入符号	
	0	1
A	1, R, B	1, L, C
B	1, L, A	1, R, B
C	1, L, B	1, 停机

现在,对于我们的不可计算量,定义 $BB(n)$ 是通过一个 n 态忙海狸程序写出的1的个数。于是,这个忙海狸函数 $BB(n)$ 是在一台 n 态图灵机的带子上任何停机程序能够写出的1的最大个数。我们已经看到,$BB(1)=1,BB(2)=4,BB(3)=6$。从 n 的这些较小值所取得的结果可能让你以为,当 n 取更大值时,函数 $BB(n)$ 也不会有什么特别有趣的性质。但是,正如你不能以一本书的封皮(或书名)判断书的价值一样,你

状态

| A | 0 | 0 | 0 | 0 | **0** | 0 | 0 | 0 | 0 | 带子 |

| B | 0 | 0 | 0 | 0 | 1 | **0** | 0 | 0 | 0 |

| A | 0 | 0 | 0 | 0 | **1** | 1 | 0 | 0 | 0 |

| C | 0 | 0 | 0 | **0** | 1 | 1 | 0 | 0 | 0 |

| B | 0 | 0 | **0** | 1 | 1 | 1 | 0 | 0 | 0 |

| A | 0 | **0** | 1 | 1 | 1 | 1 | 0 | 0 | 0 |

| B | 0 | 1 | **1** | 1 | 1 | 1 | 0 | 0 | 0 |

| B | 0 | 1 | 1 | **1** | 1 | 1 | 0 | 0 | 0 |

| B | 0 | 1 | 1 | 1 | **1** | 1 | 0 | 0 | 0 |

| B | 0 | 1 | 1 | 1 | 1 | **1** | 0 | 0 | 0 |

| B | 0 | 1 | 1 | 1 | 1 | 1 | **0** | 0 | 0 |

| A | 0 | 1 | 1 | 1 | 1 | **1** | 1 | 0 | 0 |

| C | 0 | 1 | 1 | 1 | **1** | 1 | 1 | 0 | 0 |

| 停机 | 0 | 1 | 1 | 1 | 1 | 1 | 1 | 0 | 0 |

图6.2　3态忙海狸的作用

也不能以函数变元只有少数取值来判断函数的价值。事实上,详尽一点的研究已经表明,

$$BB(12) \geqslant 6 \times 4096^{4096^{4096^{\cdot^{\cdot^{\cdot^{4096^4}}}}}}$$

上式指数位置省略了166次4096! 因此,12态图灵机在计算忙海狸函数值的过程中,很快就达到如此巨大的数,几乎相当于无穷大。这证明,对于足够大的n值,$BB(n)$的值超过了任何可计算函数对于相同赋值n的函数值。换句话说,忙海狸函数$BB(n)$是不可计算的。因此,对于一个具体的实际上不可计算的数的实例,正好采用具有大数字n状态的图灵机,再对于这个n值求出忙海狸函数的值,那么,实际上答案都是一个不可计算数。现在为了明确,某种东西存在和我们能够计算

它不是一码事，让我们考察另一类游戏。

图灵机游戏

假定有两个玩家，不妨称为 A 和 B。他们轮流选择正整数如下：

第1步：玩家 A 选一个数 n。

第2步：已知 n，玩家 B 选一个数 m。

第3步：已知 m，玩家 A 选一个数 k。

如果存在某个 n 态图灵机，从全是 0 的带子开始，恰好在 $m+k$ 步停机，则玩家 A 胜。否则，玩家 B 胜。显然，这是一个有限时间内的游戏：一旦玩家选择了他们各自的整数，我们所需要做的就是列出 $(4n+4)^{2n}$ 台 n 态图灵机，而且每一台图灵机决出胜者都恰好需要运行 $m+k$ 步。

众所周知，根据博弈论（game theory），在玩家有必胜策略的意义上，任何固定的游戏，在有穷步内均能决出胜负。在目前的情形下，胜者是玩家 B。然而，图灵机游戏是不平凡的，因为没有玩家有必胜**算法**（一种可计算策略）。证明这个事实取决于，任何必胜策略都包含对一个其函数值超过忙海狸函数值的增长速度的函数计算。但是，我们已经知道，$BB(n)$ 是不可计算的；因此，这个新的函数必定也是不可计算的。对于这个证明的进一步细节，读者可以查阅参考文献的相关部分。

停机问题

从关于可计算性的定义和上述忙海狸的例子可以清楚地看出，除非计算过程结束，否则你实际上不能计算任何东西。甚至对于实数的任何有穷计算，一般来讲也只能对你期望计算的数得到一个近似值。这一简单的考察，导致了计算理论中一个关键问题的提出：有没有一个一般过程（一个算法），可**预先**告诉我们一个特定程序是否会在有穷步内停机？换句话说，是否有单一的图灵机程序 P 能告诉我们，对于任何给定的图灵机程序 P 和输入数据集 I，当程序 P 处理 I 中数据时，会在有穷步内停机？这就是著名的**停机问题**（Halting Problem）。

为更深入地探究这个问题，假定我们有一个能读图灵机带子的程序 P，并且当它读到第一个 1 时停机。那么实际上这个程序说："继续读，直到你看到一个 1 再停机。"在这种情形下，完全由 1 组成输入 I 的程序将在第一步之后就停机。另一方面，如果输入数据全是 0，那么，程序将永不停机。当然，在这种情形下，判定程序在运行到输入带子的某个阶段时是否会停机，我们有一个明确的步骤：如果输入带子只包含单个 1，则程序停机；否则，程序继续运行。然后我们看一例停机规则——对于任何数据集合，它通过这个特殊的初始程序运行整个过程。

遗憾的是，大多数真正的计算机程序比这要复杂得多，而且，当程序运行时，仅简单地考察程序，远不能清楚判定什么样的量能被计算。毕竟，如果我们知道程序在每一步准备计算什么，我们就不必运行这个程序。而且，实际程序的停机规则总是接近于前面这类隐式规则，比如像"如果满足这个或者那个条件的如此这般的量出现，则停机；否则继续计算"一类的东西。停机问题的实质是问，是否存在任何**能行程序**（effective procedure），使我们能应用程序和它的输入数据来事先说明是否程序的停机条件总能得到满足。1936 年，图灵彻底解决了这个问题，给出了否定解：给定一个程序 P 和一个输入数据集 I，一般来讲无法判定 P 是否会完成具有输入 I 的程序。

图灵机的概念最终在坚实的数学基础之上给出了关于计算的思想，从而使我们从关于能行进程的模糊的、直观的概念，过渡到了严格的数学上良定义的算法概念。事实上，图灵的工作与美国逻辑学家丘奇的工作结合在一起，形成了后来被称作图灵–丘奇论题的基础。

> **图灵–丘奇论题**
>
> 通过运行UTM上的恰当程序，每个能行进程都是可实现的。

图灵–丘奇论题的关键信息是以下论断：任何可计算的量都能够通过一台恰当的图灵机计算。称这一断言为论题而不是定理，是由于它是不能真正证明的。它更像一个定义，或者一个断言，指出了执行一项计算这一非形式概念，等价于一台图灵机这一形式数学概念。

了解一台图灵机与一台打字机间的类比，有助于我们更有效地掌握图灵–丘奇论题。一台打字机也是一台原始装置，能使我们在一张可以无限伸展的纸上输出符号序列。一台打字机只有有穷数目的状态：可分为大写、小写字母状态，红色或黑色色带，各种符号键等等。尽管有这些限制，但任何打字机都可以用来打出《坎特伯雷故事集》(*The Canterbury Tales*)、《爱丽思漫游奇境记》(*Alice in Wonderland*)这样的作品，或打出任何其他符号串。当然，也可以找一个乔叟(Chaucer)或卡洛尔(Lewis Carroll)那样的文人来告诉机器做什么。这是可以做到的：通过类比的方法，可以让非常熟练的程序员告诉图灵机如何解决困难的计算问题。但图灵–丘奇论题说的是，作为基本模型的图灵机，适合每一种类型的、通过实施一种计算完全可解的问题。

读者恐怕没有注意到如下两类事物之间存在着一种严格的对应，这就是一台图灵机执行算法的行为和一个人由前提到结论而进行演绎推理所遵循的逻辑的、一步接着一步的推理步骤之间的对应。图灵指出了一个形式逻辑系统和一台图灵机之间的等价性。简言之就是，当给定任何一台具有无限记忆的数字计算机 *C* 时，我们可以找到一个形式系统 *F*，使 *C* 的可能输出与 *F* 的可能定理是一致的，反之亦然。借用这种等价性，图灵用计算机理论术语将判定问题重新表述为前面考察过的停机问题。而且，由于这两个问题是逻辑上等价的，所以，停机问题没有解的事实就意味着判定问题也是不可解的。如此一来,原想通过一组规则直面事物本质的我们,却又一次碰了壁。为使这一论点更具有说服力,现在列出图灵停机定理和哥德尔不完全性定理的陈述,读者可以清楚地看出这两个结果是等价的。

> **哥德尔定理**　对于任何一致的、声称要判定所有算术陈述,即证明或否证它们的形式系统 F,都存在一个算术命题,在该系统中既不能证明也不能否证。因此,形式系统 F 是不完全的。

> **停机定理**　对于任何声称要判定所有图灵机程序是否停机的图灵机程序 H,都存在一个程序 P 和输入 I,使程序 H 不能判定处理数据 I 时,P 是否会停机。

尽管图灵的先驱性工作在 20 世纪 30 年代后半期就完成了,但库尔特·哥德尔在前几年就已经走在了图灵的前面,他所做的工作对于一种传统观念——认为真实世界的真理概念和形式系统中的证明概念之间没有实质性差别——是沉重的打击。现在让我们转而讨论哥德尔的成果,以及他是如何使我们通过"真理比证明更强"这一规律来理解世界的。

真比证明更强

数学家和科幻小说作家鲁迪·拉克(Rudy Rucker)在他那部名为《无穷与心》(*Infinity and the Mind*)的书中记录了他参观罗马教堂的一次经历。教堂外面有一个巨大的石雕,是一张长着大胡子的男人的脸,大约齐腰的位置上有一张槽状的嘴。根据民间传说,上帝已经下令,任何人一旦把手伸到这张嘴里,然后说一句假话,那他就永远不能再把手抽回来。拉克来到教堂门口，把手伸到那张嘴里，并说道："我永远不可能抽回我的手。"不用说，拉克毫发无损地离开了罗马。这个故事指明了为什么我们永远不可能造出一台能生成所有可能的真实世界之真理的"万能真理机器"的逻辑基础。

假定真的存在这样的万能真理机器（universal truth machine），记作 *UTM*。(这里我们借用了通用图灵机的符号 UTM 表示我们假定的装置，原因随后即明。)现在将如下陈述 S 输入机器："*UTM* 永远不可能打印出这个陈述。"如果 *UTM* 打印出了陈述 S，那么 S 就是假的，因此 *UTM* 就打印出了假陈述。但是，这是不可能的，因为，依照假定，*UTM* 只能打印出真陈述，因此 *UTM* 不可能打印出 S，这就意味着 S 实际上是一个真陈述。但是，我们现在有一个真陈述，*UTM* 永远不能打印出来，这与它是万能真理机器（即能打印出**所有**真陈述）是矛盾的。有悟性的读者都能看出，这里的自指命题 S，不过是我们在第二章讨论过的著名的爱皮梅尼悖论的另一个版本而已。

前面这个论证的最有力之处是，指明了真理不是可以有穷描述的。也许不存在一个足以生成所有可能的真实世界真理的规则集合，并不那么让人感到惊奇。毕竟，这样的规则本身就存在于它假定要描述的真实世界中，即要求一个有穷的规则集合能生成所有可能世界的无穷多真理，这多少有点像仅要求借自己的力量就想把自己举起来一样荒谬。然而，真正令人吃惊的是，哥德尔证明了，这样的界限对于小得多、单纯得多的自然数的世界也同样成立。

乍一看，哥德尔结果的这个推论似乎给"思维机器"的观念敲响了丧钟。毕竟，如果确实存在人类心智可知但计算机器无法存取的真理，那么，我们还能总是期望造出一台"智能"机器来模拟人类的认知过程吗？当然，事情从来不像看上去那么简单，下一章我们就讨论这是为什么。

◆ 第七章

思维机器和不完全性逻辑

　　1989年，理论物理学家彭罗斯（Roger Penrose）出版了《皇帝新脑》（*The Emperor's New Mind*）一书，书中主要论证了人类心智是超越理性思维能力的，因此永远不可能在一台机器上模拟。在继续我们的讨论之前应当明确，这里所说的**理性思维**（rational thought）一词带有很强的遵循规则或算法之意，指的是通过逻辑推理得到一种结论的**理性过程**（rational process）。因此，这与日常概念中涉及利己或谨慎行为的理性（rationality）毫不相干。彭罗斯通过诉诸我们稍后将详细讨论的量子过程而作出的宽泛的、带有思辨色彩的断言，对于那些恐计算机者和反人工智能者是一个极大的安慰。这一事实也说明了为什么这样一部专业著作竟能稳居畅销书排行榜几个月之久。实际上，彭罗斯反人工智能的论证是，心智（mind）在某种情况下要比理性思维广阔得多。

　　彭罗斯论证中的关键部分正是哥德尔著名的结果，它表明：存在着算术的真陈述，即人类心智可知为真，但绝不可能是遵循一套固定规则集合——计算机程序——的最后结果。尽管有多种众所周知的理由说明，为什么用哥德尔定理作为反对思维机器的论据时需要极其慎重，但是，就我们这里的目的而言，哥德尔结果的重要之处在于指出：人类理性逻辑能力确实有极限。可对机械论者来说，这就成了一个大问题：这种极限能消除吗？或者至少能放宽吗？作为直面这个问题的一个开端,我们先来简要地勾勒一下认知科学领域的概貌,然后再详尽讨论它的一部分——人工智能本身,以及哥德尔的结果在关于思维机器的哲学争论中究竟扮演了什么样的角色。

舞者与舞蹈

有个古老的笑话,说哲学教授为了启蒙学生,总是习惯于如此这般问答:"何为心? 无物。何为物? 无心。"(What is mind? No matter. What is matter? Never mind.)即便以相当低的学术标准来衡量,这个笑话也是不高明的,但这段字字珠玑的对话说明了非常重要的一点:尽管物质对象——人脑——能以某种方式产生心智已成为人们的共识,但心智本身似乎不含任何物质成分,而且,它似乎仅仅由存在于通常时空以外的某个范围中的信息模式组成。但是,从这样一幅心智(此处并无双关之意)图景切入,我们又如何展开关于知识的本质,以及知识在人类心智中如何表达这样的重要问题呢? 这是构成近年来所谓的**认知科学**(cognitive science)之基础的一个核心问题。

认知科学工作者在高歌猛进的时刻也听到了一些针对他们的风凉话,说他们的研究领域是21世纪的科学"前卫"。正如相对论和量子力学的建立是20世纪科学的决定性事件一样,对于身(body)和脑(brain)的研究必将成为21世纪科学的焦点。诸如此类的说法还有很多。以往,对脑、心(mind)和知识的研究一直隶属心理学和哲学这样的传统领域。今天,认知科学为这些学科引入了哪些与其狂热激情相匹配的内容和方法呢? 为了回答这个问题,有必要多费些工夫考察一下**认知科学**的含义。

哈佛大学心理学家加德纳(Howard Gardner)宣称,认知科学是哲学、心理学、语言学、人工智能、人类学和神经科学六大传统学科的交叉

学科,它们或多或少地按照图7.1所示的方式相互关联:

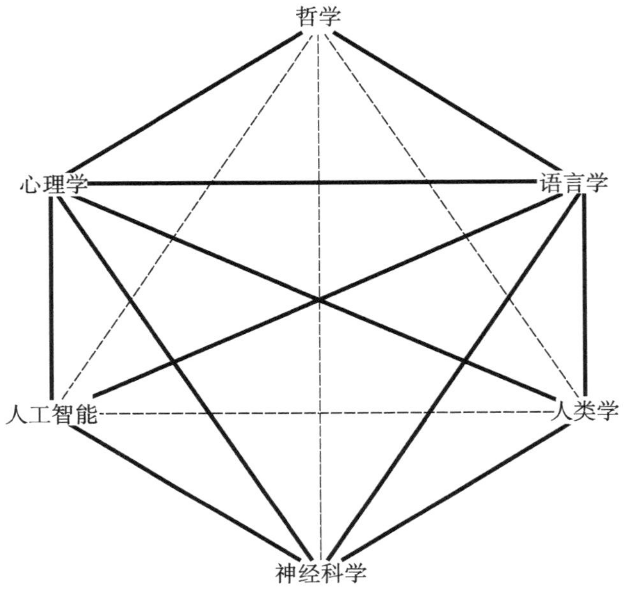

图7.1 认知科学之间的相互关联

在这幅图中,黑线表示较强的交叉学科纽带,虚线表示较弱的交叉。

除了聚焦于认知科学的交叉学科特点外,加德纳还给出了借以区分认知科学与它们的源学科的五个特征,或称"**指纹**"(fingerprints)。这些特征既代表了这个领域的核心假设,又代表了将认知科学家同他们众多的源学科同事们相区分的统一方法论途径。将这些指纹列出来作为我们后续讨论的起点,是有益的。

● 表达或表征

认知科学家认为,在讨论人类认知行为时,必须讨论心灵表征(mental representation)的概念,也必须假定一个既区别于生物学层次又区别于社会文化层次的分析。

● 计算机

任何对于人类心智的认识,都要归结到数字计算机。这里的计算机,不只是能满足各种研究需要的计算机,而是更重要的、在研究人类心智如何实际运作时,被视作最有效模型的那种计算机。因此,尽管一个认知科学家也许不能真正熟练地使用计算机,但他或她会认定,计算**机作为一种信息处理装置**,是研究脑和心智运作的恰当隐喻。

● 忽略情感、情境、文化和历史的因素

某些因素,例如情感的作用、历史和文化注入的作用,都可能对认知活动产生重要影响。但认知科学把它们当作认识心智如何运作的次要因素,因而它们就被视为不必要的因素。

● 交叉学科性

认知科学家认为,从研究心智的交叉学科方法可以获得许多东西。因此,尽管这个领域的大多数工作者从上述六大学科中汲取一门或多门学科的养料,但他们还是希望,终有一天这些学科之间的壁垒将被削弱,甚至被完全消除。

● 传统哲学问题

认知科学的问题清单和关注的问题集合,与西方哲学中古老的形而上学问题密切相关。因此,现代认知科学家都以各自的方式探求有关心智与知识的各种问题,这些问题曾经是柏拉图在《美诺篇》、笛卡尔在《沉思》以及康德在《纯粹理性批判》中共同强调的问题。

至此,我们大致熟悉了认知科学领域的构成,读者几乎都会迫不及待地问:认知科学家在认识人的心智如何将信息加工为知识方面,已经取得了哪些有意义的进展? 认知科学是否真的像那些追随者所说,是智力革命的前沿? 或者(像许多批判者认为的)仅仅是那些从传统学科领域退却的二流学者们的一个避难所而已? 评判一个仅仅存在了几十年左右的领域中的学术成就恐怕为时尚早,但是,似乎仍然值得更深入地去探究这一研究领域的细枝末节以及从已有成果中暴露出的这门学科根本的局限性。

显然,哪怕只公正评价在认知科学名义下进行的很小一部分工作,都远远超出了本章的范围。因此,作为整个学科的一个代表,我们将聚焦于认知科学中与哥德尔的工作密切相关的子领域:人工智能领域。通过审视那些支持或反对建造能像你我一样思维的计算机器之可能性的论证,也许我们可以悄然走近这一问题:认知科学在21世纪是否有望作为心智的一种科学理论而被提上议事日程? 同时,我们还应当有能力阐明,哥德尔定理在这个富于挑战性的领域中起着绝对核心作用。

真实大脑和人工心智

1950年,图灵发表的论文《计算机器与智能》引发了持续至今的一场争论:机器能思维吗? 除了聚焦于机器智能问题,图灵这篇文章的引人注目之处还在于富有创意地引入了一种检验程序,用以判定一台机器是否真的在像人一样思维。今天被称作"图灵测试"的这种检验标准,本质上执行的是纯粹的行为主义,专门针对愚弄人类提问者、使之误信答题方是真人的机器。对于如何判定其他人是否正在思维,图灵提出的惟一标准是通过他所谓的模拟游戏(Imitation Game)来观察他们的行为。而且,如果这个用于判定人是否在思维的标准足够好的话,那么出于对机器的公平性,我们应当对它们应用同样的标准。

有趣的是,1991年11月8日,波士顿计算机博物馆进行了世界上首次图灵测试,参赛的8个程序与人类提问者的对话话题被限制在妇女着装、浪漫关系、红葡萄酒等有限范围。测试结束的当天,评委把第一个奖颁给了被称作PC Therapist III的程序,它是为在一场毫无主题且随心所欲的对话中吸引提问者而被设计出来的。

例如,程序一度暗示一个测试者:"也许,在交往中你没有从你的同伴那里得到足够的感情。"

　　这位测试者回答："在交往中为了避免冲突或者矛盾,什么是最关键的因素?"

　　"我想你不认为我在思考。"终端回答道。

　　这种类型的对话对于测试者的迷惑较小,大多数妇女说,她们能识别那些"常识性"错误,可以当即区分出计算机程序和人。然而,这一历史性实验的总体结论在于,图灵测试或许并不像许多人最初想的那样困难,因为在测试中,即使最原始的程序也要想办法愚弄某些测试者。

　　由于怀疑图灵测试作为智能标准的恰当性,哲学家布洛克(Ned Block)提出了一套有力论证。布洛克认为,假定我们写出一个树结构,能够对每个持续不足 5 小时的可能对话作出明确安排。显然,这将是一个庞大的树结构,其容量远远大于任何现有计算机的容量。但为论证方便起见,我们且略去这一困难,将这树结构输入计算机中。

　　依照我们的树结构,计算机将同它的询问者以一种与智能人处事方式无区别的方式互动。如果计算机仅仅按照这个简单的树结构行事,就明显说明这台计算机没有任何智能。而且这个结论对于任何有穷长时间的对话都成立。

　　从这个论证出发,布洛克抽象出了某种深刻的寓意,即图灵测试不能完全捕获思维特性。树结构的错误不在于由它引起的行为有误,而是它产生行为的方式有问题。智能不仅仅是指有能力以一种与智能人答题模式无差别的方式去回答问题。进而言之,我们称一种行为是"智能的",是指能作出一个关于行为如何产生的陈述。

　　无论是采用第一人称还是第三人称的观点,图灵测试显然都代表了人类智能的第三方观点。因为它是在系统之外,在一台机器上单纯依靠观察机器的输出行为识别人的智能。关于机器的内在构成如何,程序结构如何,处理单元是如何设计的,或者它的材料是如何构成的,图灵测试并不能告诉我们任何信息。按照图灵关于智能的观点,只须考虑行为即可;而且,如果你有了"正确的输入",那么你就是一台思维机器。

现在让我们转而对支持和反对人工智能的两类论证做一个小结。(关于这些相互竞争的思想流派的更详尽资料,读者可以从参考文献中找到。)

支持人工智能的论证

赞同人工智能(AI)的人大致可以划分为两个基本群体:主张自顶向下(Top Down)立场和自底向上(Bottom Up)立场的群体。第一部分人认为,大脑的基本硬件与用计算机器复制人类智能的问题是不相干的。因此,他们认为,如果试图捕捉大脑思维的结果,就要去集中抽象出那些大脑工作的规则,并且把它们编码为计算机器可识别的形式。

另一方面,自底向上的群体主张,也许是人类大脑特殊的物理构成方式对于我们的认知能力起了关键作用。假定如此的话,那么,继续论证,用一台没有表达这种物理结构的机器捕捉人的认知类型就是不可能的。于是,这些"新联结主义者"便致力于构造那些尽可能反映人脑功能结构的程序,再将其应用于机器中模拟人的心智。为了后续的讨论,我们得花些篇幅较为详尽地考察一下用机器模拟人类思维的两条极为不同的途径。

首先来看自顶向下的世界观。理解自顶向下词汇表中的关键词是**表达**(representations)和**规则**(rules)。自最早的自顶向下程序[20世纪50年代由司马贺(Herbert Simon)、纽厄尔(Alan Newell)和肖(Cliff Shaw)发明的通用问题求解程序(General Problem Solver)]问世以来,与这些研究计划相对的两个问题就已被仔细考虑,即如何用符号表达知识,以及从这些符号出发,用什么样的规则形成新的有认知意义的符号串。这样的描述昭示:按照AI的自顶向下观,不必考虑真实大脑神经生理学层面的实际硬件。显然,自顶向下研究者的时间和精力都花在寻找高阶的表达模式,以及更接近被称作"思维规则"的东西上了。简言之,这些研究者致力于开掘符号表达模式和大脑所用的思维规则,完全忽略了大脑的实际硬件。休伯特·德赖弗斯(Hubert Dreyfus)和斯图尔特·德赖弗斯(Stuart Dreyfus)已将自顶向下的工作划分成三个明显的阶段。

● 表达和搜索(Representations and search,1955～1965年)

这一阶段的主要任务是揭示:一台计算机如何借助被称作"意义—目的分析"(means-end analysis)的通用启发搜索方法解决某类问题。其中包括利用各种可以减少系统当前状态与期望目标的描述之间差距的有效运算。司马贺和纽厄尔大量运用了这些想法,抽象出启发式技术以纳入他们的通用问题求解程序中。

● 微型世界(Microworlds,1965～1975年)

在早期的研究,特别是在可精确控制的竞技领域,自顶向下人工智能似乎取得了引人注目的成功,例如证明几何定理、下棋,以及能运用大量的形式逻辑的操作和少量的现实世界的背景知识控制的一些领域。不幸的是,人们很快就清楚了,人类日常生活中要解决的大多数问题,无法归入能够显示出这种恰当组合形式特征的问题类。机器语言翻译的经验告诉我们,大多数人类认知是与真实世界的大量背景知识,即许多人所说的"默会知识"(tacit knowledge)相关的。例如,一种俄英翻译程序竟然把一句英语成语"The spirit is willing but the flesh is weak"(心有余而力不足)翻译成了"酒是好的,肉却坏了"。随着这类问题的不断产生,研究者试图发明一些解决日常生活实际问题的程序。于是,对于自顶向下研究者的挑战就变成,如何在他们的规则和表达中阐明必要的背景知识。

早期的努力之一是古老的强求一致的符合型 AI 版本,即试图创造一个嵌入机器的人工世界,机器完全理解这个世界的每一方面。当然,这些人工世界,或称"微型世界",是真实事物大幅简化的版本。但是,人们期望,当真实世界中那些对于某一特定任务的确非常重要的特征被剧烈地抽象化后,机器能给出关于这个抽象世界的足够的背景信息,并能以智慧的方式去思考这些简化了的人工世界中相应的对象及其关系。

不幸的是,微型世界不是世界,而是孤立的、缺乏意义的不毛之地。研究者也逐渐认识到,不能指望将这样的不毛之地组合成或者扩充成我们日常生活的多彩世界。

● 常识知识(Common-sense knowledge,1975年至今)

自顶向下 AI 的前两个研究阶段的特点可以概括为,努力搞清楚以尽量少的知识所能做的事情究竟有多少。但是,常识知识永远不可能解决所有深层次问题。显然,下一步要做的是,以一种将日常的想当然知识纳入计算机程序的方式,尝试在已成陈规的状态中引入数据结构。但是,随着这些研究方法的失败[例如明斯基(Marvin Minsky)的"框架"(frames)程序和尚克(Roger Schank)的"脚本"(scripts)程序所做的],最终人们清楚地认识到,需要采用新的更为异乎寻常的研究方法,并且已经到了该放弃笛卡尔、胡塞尔和早期维特根斯坦所追求的具有确定性知识的时候了,因为在自顶向下的人工智能看来,产生智能行为的惟一途径,是以心智的一种形式理论镜像地反映世界。如此说来,典型的自顶向下、基于符号的 AI 就变成了像拉卡托斯(Imré Lakatos)所说的"退化的研究纲领"的一个例证。

下面来看自底向上的立场。自底向上的倡导者们认为,从其他角度在显微镜下观察大脑可以看到,当人的认知产生时,大脑的物理硬件在工作;而且,如果我们对用机器模拟这种智能抱有任何希望,就应该用我们的程序去明确地阐明那些硬件结构。这就意味着,我们需要采取一种"内在者"的眼光,考察大脑是如何真正记录我们认为"智能"的可观察的行为的,以及大脑的硬件结构是如何产生被视为"智能"的可观察行为的。

这里列出的,是每个神经生理学家和联结主义者都认同的有关人脑特征的一些描述:

● 简单处理器(Simple processors)

脑的大部分工作是由多得难以想象的神经元完成的,每个神经元自身可看作一台极其简单的、并不比一个简易的"开—关"控制更复杂的计算机。

● 整体并行论(Massive parallelism)

上百亿个大脑神经元,通过突触网络,连接成一个由神经元协同作用的网络模式。如果把每个神经元设想成一盏灯,那么由上百亿盏闪烁不停的灯排列构成的迷人图景,就是一幅生动的大脑动态图。这幅图景颇似美国时代广场上的广告灯箱,那些五彩缤纷的霓虹灯组合成了可辨认的图案。问题是,大脑的图案对于我们究竟意味着什么,到目前为止还没有哪怕是最模糊的一点儿认识。

● 非程序化(Unprogrammed)

现代数字计算机的指令程序是非常死板和"冷漠的",相比之下,大脑似乎是相对非程序化的。决定神经元发放模式的突触之间连接的强度,似乎更像是由大脑中的各种学习过程控制,而不是由"程序员"实施的某种直接控制。

● 可适应(Adaptable)

大脑中的连接方式具有很强的适应性,本质上,大脑是允许自身重新改写程序的。这反过来又提供了诸如记忆、学习和创造性思想这些思维形态的基础。对记忆和适应性学习的必要性我们是比较清楚的;这两类过程包括大脑以某种半持久方式改变其状态。此外,由于已界定一种创造性思维表达在大脑中生成和储存的某些新东西,那么神经元的连接就要以某种方式重新组织，以获得大脑的这种能力。当然，这仅仅是创造性思维的必要条件；而充分条件历来是神秘莫测、未为人知的。

以这些需求为检查表（checklist），自底向上 AI 的倡导者致力于以一种或多种方式模拟大脑硬件的神经网络。图7.2 显示了这样一种网络的一般结构。其基本思想是，把网络中的每个处理元素与大脑中的一个物理神经元对应起来，并对这些神经元之间的每一种连接赋予一个可正可负的数值权重。权重的大小控制一个神经元对另一个神经元的影响，正连接能激活一个神经元，负连接则会抑制神经元。总的说来，一个神经元的活化由它从邻近神经元接收到的激活和抑制影响的组合所决定。下一步就是训练这样一个网络通过校正权重回应一套模式。一旦网络受到训练，就能够"智能地"回应其他与这种训练系统类似的具有某些特征的模式。

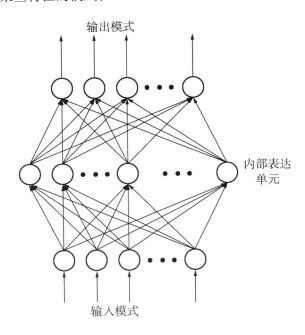

图7.2　原型神经网络的结构

因此,一个自底向上的理论派认为,机器体现的任何思维规则都不是由指令来规定的,而是机器在它所处的环境中学习生存时,通过连接许多处理器的模式的重配置,以一种涌现的方式产生的。依据这样一种关于认知本质的内在观,机器一开始对世界的了解非常少,但其硬件配置却相当可塑。随着时间的推移和机器与环境的相互作用,会证明某些思维模式在求解日常生活问题中比其他思维模式更有效。于是,这些成功的模式最终就被连接组织到机器的加工(处理)程序中去。正是这些连接决定了机器在实施它的行为和获得判断的过程中如何使用规则。

一个受过训练、对一套模式作出回应的神经网络会显示许多与人脑相关的特征。例如,假定只指明一系列目标模式中的某一部分模式,网络仍然能识别它。此外,网络性能会随着个别神经元"不发放动作电位"或从网络中被移除而逐渐下降。同时,网络还能在如下意义上识别新颖性:它能识别出不属于训练集,但与目标模式有相同特征的模式。总的来讲,一个自底向上的神经网络表达了一种不需要世界理论的(theory-free)世界观,即认为,在没有世界理论的世界中表现出智能行为是可能的。但是,这样一个网络预计能捕捉到多少日常智能行为呢?一个训练有素的网络,其能力所及有何限制吗? 要知道,自底向上联结主义程序自身难以摆脱 AI 事业中最棘手的常识知识问题的纠缠。我们这就来给出原因。

所有的神经网络模型工作者都认为,一个网络要有智能,就必须具有概括能力。这意味着,如果给定网络与某一特定输出相关的足够大的输入实例的集合,它就能对与这些特殊输出相关的相同类型的下一步输入作出反应。当然,问题在于,"相同类型的"输入是由什么构成的? 在实践中,网络设计者心目中有一个关于"类型"(type)的概念;而且,如果网络能概括这种类型的其他实例,就把它当作一次成功。但这里还包含两个困难。

第一个困难是,网络设计者要**事先**建立区分各种模式类型的界限。这样,我们清楚地称为人类智能的那部分行为,其神奇的产生方式的各种可能性是严格受到限制的。第二个困难是在网络对给定的输入产生出乎意料的反应时产生的。这时,我们真的能说网络概括失败了吗?也许,这时网络已经按照不同的关于"类型"的概念工作了,而且这种出乎意料的联系恰好显示了不同想法之间的差别。

考虑到这些困难,我们也许认为,要使神经网络具有像人一样的概括能力,它必定具有人脑的尺寸、连接结构和内在构造。它还应当像我们一样,有关于什么构成恰当的输出的概念。这就表明,它们必须具有像人一样的需要,像人一样的欲望和情感;而且,还必须像人一样,有一个对于运动和感觉输入具有适当体力的躯体。如果这些设想能够实现的话,自底向上方案就将与自顶向下方案完全建立在相同的基础,即常识知识的基础之上了。借用休伯特·德赖弗斯和斯图尔特·德赖弗斯的话说:

> 如果分析的最小单元是同整个文化世界联系起来的整个有机体,那么,基于符号化和程序化的计算机式的神经网络,就仍然有很长的路要走。

自底向上和自顶向下都致力于做一件事,即断言:原则上不存在用机器模拟人类认知的障碍,惟一的争论是如何模拟。但是,也有一系列深刻的论证反对这种"强AI"立场。现在,我们就给出坚持认为机器永远不会像你我一样思维的那些人对AI的驳难。

反人工智能的论证

支持人工智能主张的大多是计算机科学家、心理学家、数学家和其他相关的专家,反对人工智能观点的大多数论证是由哲学家提出的。对反对强人工智能的极端立场的论证似乎基于如下三条进攻路线之一:现象学、反行为主义和哥德尔定理。让我们花几页篇幅来作些描述。

现象学(Phenomenology)

在反人工智能者当中,最为大众熟知的有加利福尼亚大学伯克利分校哲学家休伯特·德赖弗斯和他的兄弟、同在伯克利的工程学教授斯图尔特·德赖弗斯,他们诉诸现象学哲学家海德格尔(Heidegger)、胡塞尔和梅洛–庞蒂(Merleau-Ponty)的工作,提出了反对强人工智能的论证,因为这几位现代大陆哲学界精英认为,许多人类认知行为不能被简单地看作遵照一套规则行事。德赖弗斯兄弟在论证中喜欢提到学开车的例子。

按照他俩的观点,要想掌握开车的技能,需要通过如下五个阶段:

● *初学者*(Novice)

处在最低技术水平的初学者,要在无景况条件下学习如何开好车的一系列规则。他要学习以什么样的速度换挡,学习在给定的速度下保持多大车距跟车才是安全的。这些规则不考虑驾车者对交通状况和天气条件等境况的感觉因素。

● *高一级初学者*(Advanced beginner)

高一级初学者通过上路的实践经验,已学会辨别在无景况驾驶课程中不能客观描述的一些具体状况。例如,需要学会使用发动引擎,在无景况条件下还要学会何时换挡,学会识别某些不规则行为究竟是酒后驾车者所为,还是驾车者处在急躁情绪下的挑衅。

● *胜任者*(Competence)

胜任者已开始超越初学者和高一级初学者循规蹈矩学到的东西,掌握了全面的驾车技巧。他或她不再乖乖地在规则所限的安全范围内开车,而是带着心中一个明确的目标驾驶车辆。为达此目标,这位胜任者现在可以比通常更紧地跟车,比允许的速度开得更快,或者以其他方式违反最初所学的一些死板的规则。

● 熟练者(Proficiency)

处在熟练者水平的司机作出的所有判断,都基于慎重的、有意识的选择。但是,一个熟练的司机下一步的行为和下一个判断,又是以对景况的"感觉"为基础的。这当中并没有反复思考,事情便自然发生了。例如,当熟练者要驾车转换到快车道时,他也许会本能地意识到盲区有超车,于是延缓了行动。这种本能反应也许正是驾车者对过去经历过的类似情形的经验提升,可在旁观者看来,这也许就是一种难以言明的"运气推断"。不知为什么,熟练者就有这种自然而然的领悟和"洞察"一项计划或策略的"本能"。

● 专家(Expert)

到了专家水平,就不会再把驾车当作自己要解决的一系列问题了,他或她不再担心下一步行为应当怎样,以及要作出什么决断。这时的司机不是把自己当成一个仅仅是带着车和经验开车的人,而是变成了自如地驾驶汽车的人。因此专家水平的司机驾车有一种直觉,知道什么时候做什么。他们既不是要解决问题,也不是要作出决断,只是正常工作而已。

五阶段说的寓意无非要表明,智能和专长比单纯的计算理性更丰富。专长并不一定需要推理;专家判断要做什么无须应用规则。这是德赖弗斯对基于规则的程序企图做任何事情,甚至包括产生几乎接近人类智能这样的事情所提供的反对论证的核心。当然,这不过是从德赖弗斯的一种强硬论证——"行为并非基于规则"的一部分得出的一种推测。

由这个例子显然可知,德赖弗斯反对强人工智能的立场,基本上是一种反对规则支配行为的第三人称论证。论证简单地断言，考察人类的扩展行为可以看出，认知行为不能归于遵循一套规则。德赖弗斯认为，不可能设计程序让计算机像专家一样去驾驶一辆汽车。计算机完成这件事必须遵循一套规则。但是不存在这样一套高水平的规则，司机遵循它就能引导汽车穿过拥挤的道路或在高速公路上行驶。因为，计算机只能把需要遵循的规则编成程序。然而，甚至像驾驶汽车这样对人来讲相对简单的工作所包含的经验，都是计算机程序不能捕捉的。因此，计算机不能思维——至少不能像你我一样思维。

另一方面，我们注意到，休伯特·德赖弗斯赞同本书作者之一（卡斯蒂）在私人交流中提出的观点，他的反人工智能论证的主要矛头指向强人工智能的自顶向下方法，以及通过自底向上方法模拟人类驾驶汽车（甚至其他事情）的智能。但是，这种方法可能正如我们已经注意到的，同样摆脱不了常识知识的困境。

现在让我们考虑一下为什么机器永远不能思维的另一类理由。

反行为主义（Anti-behaviorism）

在反对强人工智能的哲学家中提出了最强硬论证之一的，也是伯克利的一位教授塞尔（John Searle）。塞尔的论证基本上是一种第一人称断言：当一台计算机按照程序改变符号表达时，其内部行为是纯粹句法的。但是，塞尔论证说，单纯的句法（即符号变换）的总和决不会产生语义。换言之，计算机不可能理解支配它的符号的**意义**（meaning），而没有意义就没有智能。

为了戏剧化表达这个关于思维的第一人称观点，塞尔构造了迷人的、现今称为"中文屋"（Chinese Room）的类比推理。这个推理假定有一个不懂中文的人被锁在了一个封闭的屋子里，他只带了一本全是中文的字典外加一套卡片，每一张卡片上都印着一个中文字。这个人通过门缝接收来自另一个房间的类似卡片。他或她借助字典查卡片上的字,然后再从门缝把卡片送出去,卡片上包含的字要求什么,他或她都可在字典中找到。

显然,站在屋里那个人的立场上看,他完全不懂中文;也就是说,那些中文对他毫无语义。按照字典规则指挥、在门缝中来回穿梭的,是一堆仅仅具有纯粹句法意义的卡片。但是从站在屋外的一个讲中文的第三者角度看,往返于门缝的这些卡片序列,也可以看成是以中文记录的一次感觉良好的谈话,比如谈论明天天气、股票市场,或者世界末日。这里,塞尔的观点是,屋中人的行为恰好模拟了在一台计算机内部所发生的事情,机器不过是忙着把输入的符号串翻译成输出的符号串而已。

当塞尔1980年第一次发表他的反强人工智能论证时,从斯坦福到MIT,到处都能听到来自支持强人工智能共同体的叫嚣声。塞尔对这些观点的回应以及相关论证的细节,读者可以在本章后面的参考文献所引用的原始论文中看到。

关于这场未结束的争论,让我们转向最后一类反强人工智能的立场,就是诉诸哥德尔著名的不完全性定理的论证,这也是本书我们最感兴趣的一类立场。

哥德尔定理(Gödel's Theorem)

最有影响的反对强人工智能可能性的论证,是1961年牛津大学哲学家卢卡斯(John Lucas)诉诸哥德尔结果提出的。他指出,由于实际上存在我们人类能够看出其为真、但机器不能证明它为真的算术真理,因此可以说,人类心智的能力必定超越任何机器的能力。本章开头我们已经谈到,另一个牛津大学的教授彭罗斯沿着大致相同的论证路线得出结论说,机器不可能像人一样思维。彭罗斯对通常的思路附加了一个假定:至少人类思维的某些部分与不可计算量有关。而他能够解释何以会如此的最好方式,就是断定存在神秘的量子事件影响着大脑的神经元发放模式。

这种论证已盛行30年之久,而且对反强人工智能立场的哥德尔论证路线提出了严峻的挑战。这里,我们无意让读者卷入这些论证之中,各位可以在其他地方,包括本书参考的一些文献中找到它们。目前只要说我们已经看到哥德尔定理包含了某些假定就够了。其中最重要的是,形式系统(计算机程序)是逻辑一致的。有一点相当清楚:至少人类心智满足这个条件是一个大可怀疑的假定。我们都能记起自己行为明确不一致的例子。而且,如果系统是逻辑不一致的,那么,所有争论就都与诉诸哥德尔结果的论证相去甚远。

所有的这些论证都对强人工智能的自顶向下和自底向上程序的可行性提出了质疑,我们永远没有能力直接设计一个"大脑"这一点真的合乎情理吗?毕竟,哥德尔定理告诉我们,通过理性的方式筹划一切所能做的是有限度的。也许,符号处理和联结主义操作从一开始就陷入了困境。对于我们来讲,大脑也许过于复杂,仅仅靠设计一台机器去模拟,也许永远也不可能完全理解它。然而,即使事实如此,也并不是完全无望的,请读者继续看下去。

心智、机器和进化

1990年1月3日,特拉华大学博物学家雷(Tom Ray)按下了他的计算机的启动键,开始运行一个称为Tierra的程序。持续运行了整整一夜,到了第二天早上,雷突然发现了一个令人眼花缭乱的丰富多彩的电子生态系统——在他的机器上聚集着许多不同种类的有机体,而所有这些有机体都是从雷已经嵌入程序使之运行的、单一的有机体祖先遗传而来的。正如雷所说:"从最基本的结构中涌现出了一种令人吃惊的复杂性。"这是进化的威力。

Tierra模拟器是在机器上模拟达尔文进化过程的一种尝试。这个电子生态系统中的有机体是IBM集合语言码自繁殖生成的串。这些程序竞争者的每一个都排斥机器中的其他记忆区,因此没有从外部强加的一个**先验**(a priori)标准来判定谁是"适合"的有机体。适合或不适合取决于时间,取决于有机体在"原始汤"中如何突变和重组,以及一般而言,如何在机器中进化并尽可能多地自我复制。读者如想详细了解雷所获得的"生物"种群如何确保刻画出一个真正生态系统的特征,可参考本书文献列出的雷的论文中的完整实验结果,涉及各种巧妙方法。*

Tierra模拟实验第一次明确表明,进化过程是不依赖某种特殊的物质基质的。它极易发生在有着抢占存储空间之争的计算机程序的某种群体中,就像在地球环境下碳基有机体的生存竞争中所发生的进化过程那样。那么,它为什么不能在机器群体中发生呢?

更有趣的是,哥德尔本人似乎也赞同这种进化式论证。当有人问,哥德尔定理对于建立真正的机器智能是否是一个难以逾越的障碍时,他回答道:

> 不排除存在(甚至在经验上可发现)一台事实上等价于人心的数学直觉的定理证明机器的可能。但是,我们不可能证明确实如此,甚至也不可能证明这台机器只产生有穷数论中正确的定理。

哥德尔的这一评论暗示我们,一台在智力上等价于人类心智的机器有可能真的被造出来—— 例如,通过进化——但是,即使确有这样的装置,我们永远也不能理解它。对我们来讲它实在是太复杂了。

---

* 参见《虚实世界——计算机仿真如何改变科学的疆域》,约翰·L.卡斯蒂著,王千祥等译,上海科技教育出版社,1998年。——译者

如此说来,哥德尔设想的就不是要造一个大脑,而是要**生长**出一个大脑!而雷的实验证明,不存在实现这一设想的逻辑障碍。于是,哥德尔和雷事实上说的是,一台在认知能力上等价于人类的机器仅仅是我们可以称作人工生命(AL)的一个例子,尽管是极特殊的一例。由于这一话题新近已变成了一个热门话题,因而不妨整理一下关于 AI 和哥德尔的结论。为此我们要对 AI 和 AL 专家研究程式之间的明显对比,以及由拉斯马森(Steen Rasmussen)建立在 AL 的严格实验基础上提出的假设集合进行考察。

假设 1:一台通用图灵机可以模拟任何物理过程。

这是假定,任何物理过程的信息传递规律能够在一台恰当编程的计算机上模拟。简言之,图灵-丘奇论题对于物理系统是成立的。

评注:更有趣的是,这正是彭罗斯在其质疑强人工智能的观点中提出的假设。彭罗斯反强人工智能论证的一个重要论点是,大脑加工信息的方式超越了一台通用图灵机所刻画的可计算性。另一方面,把这个假设弱化为所有人类认知行为都是可计算的陈述,恰好支持了人工智能研究者们相信强人工智能方案最终定会成功的信念。

假设 2:生命是一个物理过程。

基本观点为:生命是系统内各不同组成部分的一系列功能的组织;而且,这些功能的各方面特性能够在物理硬件上以不同方式被创造。特别是,与产生生命相关的功能特性可以在一台计算机上被创造出来。

评注:在如上陈述中用"认知"代替"生命"一词就会通向强人工智能中的功能主义立场。因此,无论男女,自顶向下或自底向上人工智能的工作者们都认为,不存在超越通常大脑神经生理过程的东西。因此,人类思维就是大脑的物理组成部分被组织的产物,而且我们还没有办法彻底搞清这台机器的详情。当然,联结主义者主张大脑神经元的联结模式是重要的,但是他们相信,这种联结是可以在多种类型的机器(包括数字计算机)上模拟的。

假设3:存在可区分生命系统和非生命系统的标准。

尽管如目前所知,我们对于生命产生的条件的认识似乎还相当模糊,但是这个假设断言,原则上我们可以对什么是有生命的、什么是无生命的达成一致见解。特别是,所有的生命系统都应包括代谢、自修复和复制功能。

评注:在 AI 的语境中,这个假设可以产生与图灵测试和中文屋论证相类似的东西。我们如何知道某人正在思考?如何知道某物是有生命的?实际上,似乎存在着极强的直觉意识使我们在这两种情况下都能说"当我看见时我就知道"。但是,一旦要求给出可应用到所有情况的一套严格标准时,就要引起争论了。

假设4:一个人工有机体必定感知一种实在 $R*$,对于它,这种实在就像"真实"实在 R 对于我们那样"实在"。

这个假设的一个重要推论是假设5。

假设5:实在 $R*$ 和实在 R 具有相同的本体论地位。

换句话说,我们所称的实在并不比在一台机器上显示的人工有机体更实在或更不实在。

评注:在 AI 或 AL 世界,接受这两个假设都会立即围绕机器的"权利"产生过多的问题。如果一个纯粹的思维机器主体与思维的人类主体有着相同的本体论地位,那么,很难现实地反对赋予这台机器像人一样的公民权利,或者作出如此推论。

假设6:可以通过研究不同实在 R^* 的详情,学习我们实在 R 的基本性质。

这就意味着,通过考察一台机器内部人工生命的所作所为,能使我们认识计算机之外的人类生命是如何形成的。

评注:这个假设是全部认知科学事业的存在理由。如果我们接受了关于神经元、思想、语言或像 R 一样有效表达的机器版本的说明,就可以得出结论:机器世界的版本和真实世界的版本是"同构的"。换言之,它们是功能等价的,而且只要作必要的调整,从一个世界习得的东西就可以转化为从另一个世界习得的东西。例如,目前这条推理思路,就是支持雷以研究 Tierra 复制中大部分有意义的东西的方式来研究达尔文进化过程的一个理由。

也许,真正反对机器智能的最强硬论证是诉诸哥德尔定理的版本,因为哥德尔定理似乎提供了人类心智超越像一台数字计算机这样的机械装置的逻辑基础。但是,正如我们已经看到的,我们恰好不能通过这种方式——将哥德尔定理实际用在真实的心智和大脑的真实世界环境中而得出结论说,我们证实了基于哥德尔定理的诸假设。因此,我们的结论是,如果你想在一台机器上研究智能,哥德尔定理并不是真正的限制。此外,正如我们在本章结尾中提出的论证,把你的注意力从智能转移到生命自身也许是明智的。因为,如果你能够在一台计算机上创造生命,那么智能将自然产生。

第八章

自如穿越

　　杰出的德国哲学家康德认为,变化是由人类感知的特殊方式产生的一种错觉。在《纯粹理性批判》一书中,康德特别指出:"我们声称自身是变化的现有的这些特性,连同直觉的其他形式,将产生一种知觉,(由于)时间的概念存于其中,因而变化的概念根本就不会出现。"在康德看来,我们的知觉的特性不允许我们感知事物自身(自在之物)。1949年,哥德尔找到了爱因斯坦广义相对论场方程的一类新解,广义相对论产生的这种理论上的宇宙"根本不假定时间的客观流逝"。在这样的世界中,时间可以到未来旅行,也可以到过去旅行,就像我们在空间中可以随意沿不同方向旅行一样。就是说,哥德尔的宇宙抛弃了先后之间的区分。问题是,这种数学上可能的宇宙,会否被排除在以观察为基础的物理宇宙的候选者行列之外?让我们仔细考察一下,哥德尔的贡献和他的宇宙论模型提出的这种具有挑战性的观点,究竟是从哪些基本点出发的。

回到将来

　　人们经常忘记哥德尔在大学里最初学的是理论物理,而不是数学。抛开他与爱因斯坦的密切关系,在普林斯顿的那几年,哥德尔用了相当

哥德尔与爱因斯坦在高等研究院(1949年)

多的时间研究广义相对论,而且把时间视作一条无穷自闭合链条来研究。1949年,哥德尔应邀为著名的《在世哲学家文库》(*Library of Living Philosophers*)中的"爱因斯坦卷"撰文。他所完成的论文显示了他对康德唯心主义哲学和相对论框架下的宇宙论的特殊兴趣。

狭义相对论(STR)赖以建立的基础是真空中的光速不变原理。特别地,这意味着每一个观察者——**无论**他或她相对于其他观察者是否有相对运动——都将测得相同的速度。同时这还特别蕴含着时间本身是相对的含义。因为相对另一个静止的观察者,一个运动的观察者以比这个静止的观察者所看到的更缓慢的速度在变老。当然,运动的观察者并没有看到时钟的走动有什么异常,仅仅是静止的观察者看到运动的观察者那只运动着的时钟,令人惊讶地比他自己那只静止的时钟走得慢了。这就是如今已在许多实验室涉及基本粒子以接近光速的速度运动的实验里观察到的**时间延缓**(time dilation)现象。

广义相对论(GTR)把这个思想加以扩展并论证,在有加速参考系而没有STR匀速运动的参考系的时空小范围内发生的事件,不可能与引力场中正在发生的一个相同事件区分开来。这里的**加速**是指相对于一个观察者的"静止"状态而言的。然而,如果我们期望以时空维度描述世界,把引力看作时空的一种弯曲或"翘曲",那么,GTR的核心假定是,事件必须在一个四维时空连续统(通常记作 spacetime)中展开——这是我们以有限的三维直观能力所难以想象的。

我们可以沿着哲学家赖兴巴赫(Hans Reichenbach)的思路,把时间维度作为一种颜色,以一种隐喻的方式去探求这个连续统的特性。在这一模式中,每一个四维的物理对象都可以用其颜色和空间位置的变化来刻画。因此,两个对象只有当它们具有相同的颜色和空间位置时,才相互作用。不同颜色的物理对象互不影响地相互穿插。例如,全部关在一个红色瓶子里的一群红色苍蝇,通过使它们的颜色由红变蓝而逃出瓶子。

应当着重强调,广义相对论四维时空框架中的几何学不是通常的欧几里得几何学,而是称为**赝黎曼几何**(pseudo-Riemannian geometry)的几何学。在这种几何学中,空间和时间都不是平直的,而是弯曲的。这并不意味我们的三维空间包含在另一个多维空间内,而仅仅是指欧几里得几何学定律适用于更小的、局部的时空范围。那么,当时空尺度变"大"时,空间便会经历一个从欧几里得平直几何学分离出来的过程。这与地球上通常几何学的情形类似。在任何其他特殊的场合,空间乍看像是平直的——正如欧几里得几何赋予它的性质那样。但是,如果我们在足够大的范围内,比如从飞行在60000英尺高空的飞机上看,那么映入我们眼帘的就是地球的曲线,这表明地球表面全局上是弯曲的,而不像桌面那样平直。

在非欧几里得几何中,两点间线段最短的概念,被推广至**测地线**(geodesic)概念,对应两点之间距离最短的曲线。例如,在地球表面,作为两点间最短距离的曲线是子午线上的一段弧。因为这个缘故,从纽约去往东京的飞机为了节省燃料和时间,就沿着靠近地极的航向飞行。从STR到GTR的变换,就是把引力当作了时空连续统的一种弯曲。因此，对于引力场，时空连续统中两点间最短的路线是一条曲线——但是，它通常要比地球表面上的简单的子午线复杂得多。

在此，引用与爱因斯坦相处多年的一位同事和合作者英费尔德（Leopold Infeld）的话不无裨益：

> 我们这个世界的几何学的突出特征是引力场。就像一个橡皮平面由于外力的影响会变形一样，运动的物质决定了我们的时空。几何形状和引力变成了同义词；它们由不同物质的分布和运动速度所决定。

因此，我们可用一句话总结引力和惯性定律：在时空连续统中，按照引力定律运动的物体只是沿着测地线在运动。

光是以光子形式传播的。按照欧几里得式的观点，光子从光点传播，扩散成类锥形。但是，按照时空连续统的描述，这样一个正在发生的事件，例如，在本书本页的表面，光只能在这上边传播，因为，我们已经从三维空间移出一维坐标来表达时间。那么，在这个平面的例子中，空间被描述成了一个平面。结果，观察者注视这个平面，就看到光从光点呈某种圆环状传播，这很像是往水池里投入一个石子，池水的涟漪将从一点开始慢慢散播成圆环。

这样，光沿着时间轴（位于此平面之上的垂直维度）环形扩散的结果就形成一个圆锥，称为**光锥**（light cone）。更准确地讲，这是一对光锥，光线从光点开始向外持续传播（到将来），形成上半个光锥；反过来，光线（从过去）向内传播，形成下半个光锥。因此，将来光锥和过去光锥在当前时刻相遇，即相遇在书页表面上代表"当前"时刻的光锥顶点之光点处。

现在，让我们撇开所有的观点，来思考一下投影到一张纸上的双光锥的上半部分。展现在我们面前的光锥就像一个简单的三角形。由此出发,以前由平面表达的三维空间现在变成了简单的一条线,只能代表整个三维空间的一维对象。现在,光线沿着这个单维的坐标水平传播。但是,由于光线的传播速度不变,所以它必定也沿着垂直的时间轴传播。依惯例,这种传播穿过光锥的顶点(原点)和它的两个轴,与垂直的时间轴成45度角。两个锥轴就形成一个90度角。我们称这样一个光锥的外表面为**零锥**(null cone)。整个情形都在图8.1中作了概略表示。

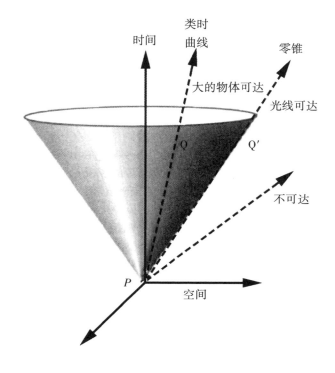

图8.1 光锥

哥德尔的宇宙

零锥对哥德尔创造的宇宙至关重要。其重要性在于它们确定了时空连续统中各点的因果联系。如果点 P 能通过一条直接进入将来(一条类时曲线)的类光曲线连接到点 Q,那么,信号从点 P 传递到点 Q 就是可能的(但通常不会依相反方向传递)。这是对零锥含义的局域解释。但当我们在全局上考察它时,在一个弯曲的时空连续统中,无论如何,引力场的影响允许自封闭时间世界线,即时间可流回其出发点。哥德尔的宇宙恰好包含这样的封闭的时间环,如图8.2所示。

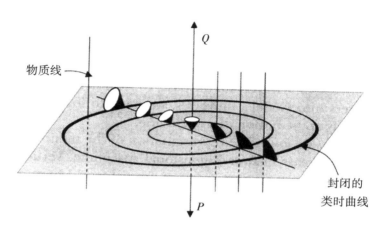

图8.2 类时曲线

1949年,《在世哲学家文库》的"爱因斯坦卷"问世时适逢爱因斯坦七十大寿,(作为此卷撰稿人之一的)哥德尔当时已找到广义相对论框架下爱因斯坦场方程的比其他已知的解都复杂的精确解。哥德尔的解把宇宙中的整个物质看作不可压缩的理想流体。在这个模型中,宇宙以不变的角速度绕着一个固定的坐标系旋转。哥德尔得出的第一个宇宙模型(1949)是不膨胀的;后来在1952年给出的宇宙是膨胀的,但是没有允许时间倒回过去的旅行。为了看清时间如何旅行到哥德尔的宇宙,我们需要特别了解一下世界线的概念。

世界线(world line)是四维时空中的点物质运动的表达,时空图中的垂直线是初始点物质——恒星和星系——的世界线,它们也称**物质线**(matter line)。由于这些对象创造了一个强引力场,因此在确定全局时空结构时至关重要。这类似于有磁体的情形,由于粒子的运动,测地线围绕这些点物质弯曲进入封闭的类时曲线中。图8.2中的曲线图表示围绕点 P 到点 Q 的中心物质线的旋转对称性。

物质线是有时间顺序的;它们有一个良定义的先后相继的概念,一条面向将来的曲线从点 P 跑到点 Q,可理解为一个时间旅行者从点 P 开始沿着物质线向点 Q 旅行。从常识观点看,旅行者不可能正常地从点 Q 返回到点 P,但在哥德尔的宇宙中,封闭的类时物质线却真的可能这样。所有的此种世界线都对应于加速运动。于是,只有以巨大的速度——例如,借助极强动力推进的火箭——才有可能沿着这样一条世界线旅行。下面是哥德尔自己的表述:

> 这个解中的每一条物质的世界线都是一条无穷长的不封闭的曲线,它们永远不会再与它前面的任何一点相接近;但是,也存在封闭的类时曲线。特别是,如果 P 和 Q 是物质的一条世界线上的任何两点,而且 P 在 Q 之先,就存在一条连接 P 和 Q 的类时线,而 Q 在 P 之先。即理论上,在这个世界中回到过去旅行(或者影响过去)都是可能的。

但所有这些情况只有在高速运动的世界中才有可能发生,这就需要有动力非常大的火箭去推进,它所消耗的能量相当于整个星球的能量。用理论物理学家鲁佩茨伯格(Heinz Rupertsberger)的话来说:

> 时间旅行所需的速度需要超过光速的70%;所需要的能量是巨大的。如果把地球想象为火箭,把它的物质想象为以光速喷射的火箭燃料,这件事就变得清楚了。非常粗略地估算,要进入一条物质世界线的过去旅行100年——即旅程中有百年时光在旅行者周遭流逝——完成旅行需要消耗的物质足以使地球变成一个半径仅6米的天体。

这种指向过去的旅行自然会产生一个宇宙因果结构的问题。基于荷兰宇宙学家德西特（Jan de Sitter）给出的GTR方程的解，著名的数学物理学家外尔提出了如下基本原理：

> 在一个其相干性由四维数字空间定义的世界中，很容易以下述方式构造一个度规场（metric field）：如果从初始点反向散开的过去光锥往回走得太远，那么光锥的首尾就会在内部层层相接。这就会导致最可怕的可能性，即"另一个我"（doppelgängers）和自我冲突（self-encounters）出现。

爱因斯坦的柱面和德西特的双曲面都包含这种过去和将来的交界。然而，在充满物质的柱面世界，往回散开的过去光锥与它自身无穷次地相交。因此，我们可能在天空中看到同一颗星的不同形象，它们代表这颗星在活动中由时间的巨大延伸区分出的不同时代的形象。在这样的世界中，很久以前的"幽灵"与我们会交汇在一起；而在德西特的双曲面世界中，则不会发生零锥的这种自重叠的情形。

因此，现在看来，没有什么令人信服的物理学理由可以排除爱因斯坦场方程解中的非因果行为（acausal behavior）。我们至多只能说"非预期"行为。正如外尔指出的，这类问题导致霍金（Stephen Hawking）在1963年提出了关于稳定的因果关系（stable causality）的定义。按照霍金的见解，当一个宇宙中引入了定义完备的扩展光锥却没有出现闭合的类时线，则称这个宇宙为**因果关联的**（causal）。

由哥德尔对GTR场方程的解产生的一系列更深层的问题，导致了宇宙论模型中奇点的研究。一条长长的在无穷远处自闭合的时空曲线就代表了这样一个奇点，它可能导致黑洞或者宇宙的始点——"大爆炸"（Big Bang）。这一结论是20世纪70年代由霍金和彭罗斯在"奇点理论"（singularity theory）中提出的。

于是,哥德尔的解使因果性问题重新成为物理学的争论焦点。当然,只有当结果没有破坏它自身的原因时,干涉因果链才是可能的。在这个意义上,我们可以说,时间旅行发生在超出因果性的某些范围内。正是以这种方式,我们可以避免类似"时间可以倒回去,让你杀死你出生之前的父亲"这样的时间旅行悖论(time travel paradoxes)。

哥德尔关于宇宙论的工作似乎与他关于演绎推理的限度问题的数学工作没有什么关联,他所做的其他方面的工作是在数学和物理学领域诉诸柏拉图主义观念行事。如果宇宙论看上去偏离了正题,那么,下一章的话题则是哥德尔工作的精华部分。同他关于心智和机制方面的工作所揭示的不完全性一样重要,作为一种把纯粹的逻辑与演绎同直觉与归纳区分开来的方法,计算理论的后续进展已经产生出关于不完全性的新见解,促使我们以全新的方式去看哥德尔定理的意义。此外,从计算机科学的角度理解不完全性,我们看到,在像信息论和随机性理论这样哥德尔本人也不曾探索过的领域中,哥德尔思想已经以新的方式获得拓展。下一章我们将大致浏览一下这种拓展的某些方面。

第九章

复杂性之复杂性

　　哥德尔不完全性定理的一种诠释版本是说,在任何足够强的演绎逻辑形式系统中,都存在复杂得不能诉诸该系统的逻辑演算加以证明的命题。当然,"复杂性"(complexity)像"真"(truth)一样,是一个非形式概念,正如我们在前面的讨论中看到的,最初哥德尔想找到一种方法,将"真"这个非形式概念形式化,希望用"证明"(proof)的概念代替它。从哥德尔时代起,研究者们[其中最著名的是IBM研究实验室的格雷戈里·蔡廷(Gregory Chaitin)]沿着同样的思路,一直设法寻找一种巧妙的方法将"复杂性"概念形式化。也许令人感到吃惊的是,尽管从表面上看,"真"和"复杂性"彼此之间没有多少必然联系,但事实上,它们在各方面都是彼此相关的。在某种意义上,真不过是复杂性的一个子集。让我们来看这是为什么。

存在任意

　　用太阳代替地球作为天体运动的中心,一直被广泛(且正确地)视为科学范式转换中伟大范例之一。但是,这场哥白尼"革命"最终在科学界胜出的原因曾常被误解。常见观点认为,由于哥白尼的日心说模型更好地预言了天体的位置,战胜了它的竞争者,特别是战胜了托勒密的地心说模型。而事实上,哥白尼模型比托勒密用较复杂的一系列本轮和其他曲线勾勒的模型所预言的更差,至少,在使用时间测量仪器的有效精度范围内是如此。其实,哥白尼模型的真正卖点是,它比其他竞争者的模型**更简单**,却对观察证据给出了合理的说明。

哥白尼革命对于研究如何使用奥卡姆剃刀(Ockham's Razor)在竞争中冲出一条新路是一个优秀的范例:当犹豫不决时就采用最简单的说明事实的理论。但问题在于,就什么是"简单"达成一致见解并不总是那么容易。"简单性",像"真""美"及"能行进程"一样,是直观概念。因此,在我们期望对不同理论的相对复杂性有一致的见解之前,需要对其进行更客观的刻画,即形式化。

大致来讲,简单性=描述的经济性。为了阐明这一点,设想你在浴室铺地砖,目前有如图9.1所示的两种备选图案供你参考。如果你想用电话向朋友描述这两种地砖的图案,你可能很容易就能用简洁的语言清晰地描述第一种图案。例如,你可以说,那是"大的白色正八边形和小的黑色菱形镶嵌的图案"。写出这段描述只需几十个字,在计算机键

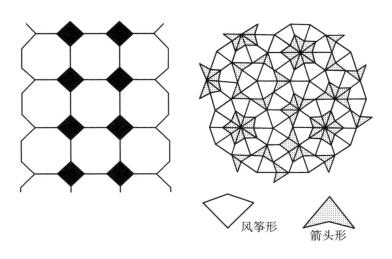

风筝形　　箭头形

图9.1　两种地砖

盘上也只需敲几十个键即可(包括空格和标点符号)。而且,不管你的浴室实际上有多大,都可以用同样多的词汇来描述这种图案。甚至仔细斟酌还可能用更少的词汇作更好的描述。另一方面,尽管第二种图案完全是由两种原始图案(这里是风筝形和箭头形)镶嵌而成的,但似乎很难找到一种简短的描述能完全概括所看到的总体图案。问题是,尽管似乎存在这种称为"彭罗斯铺砌"(Penrose tiling)的结构,但很难按照一种简洁的容易表达的方式把握这种结构。因此,在直觉上,彭罗斯铺砌似乎比第一种图案更复杂。因此,复杂性的本质在于:复杂的对象需要更长的描述。

我们已经看到,任何能够用语言表达的事物都能用二进制数串编码。于是,我们可以把相同的复杂性概念用到这些二进制数串上。如果一个二进制数串需要更长的描述,就说它是复杂的。例如,01010101010101010101,是由10对01交替组成的,看上去比较简单,因为我们可以把它描述为"由01重复10次"。而且,事实上,如果是由百万或千万个这样的数字对组成的序列,描述的长度根本也不会有所变化。对于这种良模式的(well-patterned)序列,描述长度永远比序列本身的长度短;相反,对于与第一个数字串恰好有相同长度的数字串00110110110010001011,似乎就要复杂些,它没有显示出什么容易辨认的模式。对于它的最短描述恰好是该序列自身,即一位接一位写出各数字。因此,从直觉上我们认为它是复杂的,就像我们认为第一个序列是简单的一样。

1964年,Zator公司的研究员所罗门诺夫(Ray Solomonoff)发表了一篇开创性论文,其中引入了一种客观地度量科学理论复杂性的模式。其思想建立在如下前提基础上:对于一种特定现象的理论,必须以某种方式对刻画这一现象的有价值的可观察数据加以提炼。根据这一思想,所罗门诺夫断言,一个理论与一台图灵机的程序等价,给定一种对实验装置的描述作为输入，就会产生经验观察的数据作为输出。所罗门诺夫指出，一个理论的复杂性将被视为最短程序的"长度"(size)，也许可用打印该程序所需敲打键盘的次数(或者等效地用表达 ASCII 编码程序所需的字节数)来衡量。

运用这个关于科学理论复杂性的定义，所罗门诺夫预期了后来由数学家蔡廷和数学家、哲学家托姆(René Thom)给出的一个观察结论，他们都认为，一个科学理论的关键是尽量减少观察数据的任意性。一个好的理论是以某种方式对观察数据的一种凝练，能简洁地描述我们从所观察的现象中获得的东西。换句话说，如果一个程序(理论)再现的观察数据并不显著短于实际数据本身，那么它基本上就是没有用的。因为我们可以直接记录下这些观察数据，而不需要一个理论来干这些。因此，如果再现一系列观察数据的**尽可能短的**(shortest possible)程序并不比观察数据本身的表达更短，我们理所当然地称它为"随机的"——在不存在简洁规律(或规则)对观察作出预言或者阐明它们的意义上是随机的，即不存在用某种算法或程序构造性地生成它们。

由于这种思想是当今算法复杂性理论的正统观念，让我们试图用在第一章中给出的巧克力蛋糕机的隐喻来考察一下这种观点。所有可能的观察构成的世界，是所有可能的巧克力蛋糕组成的我们古老的柏拉图式朋友。因此，这种经验环境恰好是制作任何种类的巧克力蛋糕所需的成分。现在，假定我们在这个世界中作一次观察，而且我们的评价(即品尝)装置记录下符合萨赫大蛋糕某些特征的描述。于是，这个实验的观察数据，恰好是对于需要从巧克力蛋糕世界的无数居民中找出萨赫大蛋糕所要做的每一个具体事件的描述。写出这个描述使用了一定数目的词和标点符号，因此，这个描述具有了某个长度。

现在，假定我们想创造一个关于观察证据的"理论"——即我们想要一个关于萨赫大蛋糕的理论，这意味着，我们想写出一个能够用 CCM

程序化地在巧克力蛋糕世界中识别出萨赫大蛋糕的程序（配方）。按照前述,这个理论将尽量降低我们在观察中可能有的任意性,这种降低是通过在巧克力蛋糕世界中区分制作某一种蛋糕的程序来实现的,而且对这种蛋糕的描述恰好与我们事实上已经实际观察到的东西一致——即它确是刻画萨赫大蛋糕的描述。

如果我们的配方是一个关于萨赫大蛋糕的好理论,它必定能够从所有巧克力蛋糕构成的世界中把萨赫大蛋糕挑出来。而且,必定是以一种更有效的方法,例如通过列举所有刻画萨赫大蛋糕特征的方法区分出来。甚至从实际的烹调方式看,任何只列出萨赫大蛋糕的可描述特征的配方(例如,它有一层巧克力海绵蛋糕,其上淋了巧克力糖衣,而且蛋糕和巧克力糖衣是用杏酱隔开的)都是毫无用处的。显然,我们希望有一个实际制作蛋糕的配方。事实上,我们的理想是情愿有一个尽可能简单的此种配方,这种配方可设想成所含的厨房工作是最少的。这个做法与一个萨赫大蛋糕的描述一致的尽可能简单的蛋糕配方的长度,就是我们所称的萨赫大蛋糕的**复杂性**。

对任何一个曾尝试从巧克力蛋糕世界烘烤某类蛋糕的人,从这些论证中都清楚,有些蛋糕比其他蛋糕更复杂。与这种蛋糕复杂性的观念完全一致,大概多数点心师都会赞同,一个巧克力杯子蛋糕和一个萨赫大蛋糕具有相当不同层次的复杂性:巧克力杯子蛋糕的最短配方远远比萨赫大蛋糕的最短配方短得多。而且,这两类蛋糕具有的复杂性似乎小于例如一个巧克力榛子蛋糕的复杂性。

但是,我们是通过论证简单性和复杂性二者都与模式和结构有关的方式,来展开关于简单性和复杂性的讨论的,因此,有理由说,如果某些事物是复杂的,那么,它是相对不可构造的,或者,更通俗地讲,是没有模式的。按照这样的思路,立即导出一个问题:何为随机性? 从任何有意义的角度讲,随机性是否与完全缺乏结构有关? 因为,我们已经知道,任何可描述的事物最终都可以用数字编码。让我们走出巧克力蛋糕世界,回到抽象数的普遍世界来考察这个问题。

随机地言说

几乎就在所罗门诺夫发展关于科学理论复杂性思想的同时,蔡廷在哥伦比亚大学注册选修了为优秀的高年级学生开设的计算机编程课程。每次上课,教授都指定班上同学做一些需要编程序求解问题的练习。然后同学之间进行竞赛,看谁能就指定的问题写出最短的求解程序。这种竞赛气氛无疑给单调的编程练习增加了一些趣味,但据蔡廷讲,一开始班上没有一个人去思考如何证明周末冠军的程序真的是最短的。

直到课程结束后,蔡廷仍然继续思考这个最短程序的谜题,最终他认识到,这个问题与另一个不同的问题相关:我们如何能够度量一个数的复杂性? 是否存在什么方法,使我们能在客观上认为,π是比$\sqrt{2}$或759更复杂的数? 蔡廷对这个问题的解后来导致他获得了今日数学中一个极令人惊异的结果。

1965年,还是纽约市立大学本科生的蔡廷,独立得出了所罗门诺夫级别的新奇想法:把一个数的复杂性定义为用一台通用图灵机打印出这个数的最短程序的长度。利用这一思想,蔡廷得出基于复杂性的关于随机数的定义:如果计算一个数的最短程序的长度并不比这个数本身短,那这个数就是**随机的**(random)。换言之,我们可以说,如果一个数具有最大的复杂性,它就是随机的。当然,在这里我们把一个数或程序的长度取作写下那个数或程序所需二进制位数。按照这个定义,像π=3.14159265…这样的数不是随机的,因为,π的任意多位数字都可以用具有固定长度的已知程序的一个数生成。然而,像 π 这样无穷长的数,肯定比一个像 47 这样的有穷长的数复杂;我们总可以用"PRINT 47"这样的程序生成后一个数。对于数 47 的最短程序肯定比能相继产生数字 π 的最短程序要短得多。

是否有某个看上去像 π 一样复杂的事物不是随机的呢? 随机数真的存在吗? 或者说,蔡廷定义的根本就是一个空集? 令人惊异的事实是,几乎所有的数都是随机的! 为了了解这是为什么,看看一个数是非随机的(nonrandom)含义是什么。按照定义,一个数如果能由一个长度明显短于它自身长度的计算机程序产生,那它就是非随机的。假定我们考虑所有具有长度为 n 的数,即所有由 n 位二进制数组成的数串,n 位数中的每一个都可以由 0 或 1 生成,因此所有长度为 n 的数的全体有 2^n 个。例如,让我们计算一下复杂性小于 $n-5$ 的数的比例有多大。即找出能用不大于 $n-5$ 个比特编码的计算机程序生成的所有长度为 n 的数。

我们感兴趣的是,所有能用不大于 $n-5$ 个比特编码的计算机程序,实际上我们能够列出每个这样的程序。例如,它们不包括一个长度为 0 的程序(没有指令的空程序),两个长度为 1 的程序(单个 0 和单个 1 的二进制数),四个长度为 2 的程序(二进制数 00,01,10 和 11),一般来讲,长度为 k 的程序有 2^k 个。穷尽所有的可能,存在 $1+2+4+...+2^{n-5}=2^{n-4}-1$ 个具有长度 $n-5$ 或更短的这样的程序。这些程序中的每一个至多会产生对应于一个长度为 n 的实际数,故至少存在这么多的复杂性小于或等于 $n-5$、长度为 n 的数。由于我们已经看到长度为 n 的数共有 2^n 个,因此,复杂性不大于 $n-5$ 的那些数的比例最多是 $(2^{n-4}-1)/2^n \leqslant 1/16$。

于是,我们看到,有不超过 1/16 的数能由至少比它自身长度小于 5 个比特长的程序描述。类似地,不超过 1/500 的数可以由长度比数本身的长度短 10 个比特或更多个比特的程序生成——即它的复杂性是 10 或更大的单位,远不是随机的。借助这样的论证,令 $n \to \infty$,我们很容易证明,具有比最大复杂性小的复杂性的实数集合,形成一个由所有数构成的集合的无穷小子集。简言之,几乎所有实数都是随机的,这是因为,产生这些数且比仅仅打印出它们自身的普通程序还短的程序是不存在的。现在,让我们更深入地考察一下对最短程序问题的一系列探索。

蔡廷的著名结果始于一个看似天真的问题:"不能用词语表达的最小数是什么?"实际上,"不能用词语表达的最小数"这个陈述本身似乎就区分出了一个明确数。让我们用 U 表示这个"不可命名的数",但是稍微思索一下就可看出,这个标签中似乎包含着一些可疑之处:一方面,我们似乎已经用语词表达了这个数 U;但是,却又假定 U 是最小的不能用语词表达的数! 据说,这个悖论是由剑桥大学的图书管理员贝里(G. G. Berry)向罗素提出的。

正像图灵一定要形式化直观的"计算"概念一样,贝里悖论包含了它自身的不可形式化的概念,即在命题自身和数的术语之间表达的概念。在获得随机性、复杂性和以规则为基础的知识限度的结果后,蔡廷的部分想法是明确的:消除这个障碍的途径应当是把注意力转移到"由复杂性为 n 的程序不可计算的最小数"这个短语上。这个短语**可**被形式化,特别地,可由搜寻这个数的计算机程序形式化。蔡廷发现,没有复杂性为 n 的程序能生成一个复杂性大于 n 的数。因此,复杂性为 n 的程序不可能由用蔡廷短语界定的数的输出程序终止。这个事实转换成了停机问题的不可解性的一个算法复杂性版本。

更广泛地讲,这个结果表明,尽管存在具有所有复杂性层次的数,但证明这个事实是不可能的。即给定任何一个计算机程序,总存在着某些数,其复杂性大于这个程序所能生成的数的复杂性。用乔治亚理工学院物理学家福特(Joseph Ford)的话说,即"一个10磅的理论不可能生成一个20磅的定理,就像一个100磅的孕妇不可能生一个200磅的孩子一样"。非形式地讲,蔡廷定理(Chaitin's Theorem)*是说,没有程序能计算一个比它自身更复杂的数。在蛋糕世界,我们可以这样粗略地解释蔡廷定理:不能用巧克力杯子蛋糕的配方制作萨赫大蛋糕。因为巧克力杯子蛋糕的配方太简单,不能生成任何比巧克力杯子蛋糕更复杂的蛋糕。或者,等价的说法是,制作萨赫大蛋糕所需要的操作太复杂,不能从用于制作巧克力杯子蛋糕的有限配方的技能中产生。

蔡廷定理的推论是,对于充分大的数 N,不能证明一个特殊的数串具有大于 N 的复杂性。或者(类似地)存在一个层次 N,没有一个二进制数串长度大于 N 的数能被证明是随机的。然而我们知道,几乎所有的数确实都是随机的。我们恰好不能证明,任何**给定的**数是随机的。下面给出关于这个惊人而重要的结果的一个简短证明。

让我们任取一个固定的任意数 n,由上面的论证可知,这个任意选取的数是随机的可能性极高。假定我们想证明,n 在这种意义上是"典型的"。让我们假设,存在程序 P,它核实 n 只能用比 P 长的程序生成。只要我们选出的数 n 足够大,这样一个程序 P 的存在将提供 n 是随机的一个证明途径。让我们指出,为什么不可能存在这样的程序 P。

首先,我们用 P 生成所有长度为 $1,2,\cdots\cdots$ 的程序。其中的一些程序实际上是关于不能用像 P 那么短的程序生成数 n 的证明。但是,对于这些证明,我们有能打印出数 n 的程序,即实际上生成了数 n。于是,我们得出了一个结论:P 既生成了一个数,又由于它太短而不能生成这个数。这个矛盾表明,不存在这样的程序 P。最后的结论是,不可能证明任意选取的数 n 是随机的——尽管事实是,几乎所有的数都确实是随机的。

---

* 实际上,1963年俄罗斯数学家柯尔莫哥洛夫(Andrey Kolmogorov)已提出柯氏复杂性(Kolmogorov complexity),其论文发表于1965年;而蔡廷发表在另一杂志的相关论文提交于1966年,并于1968年12月修订,引用了所罗门诺夫和柯尔莫哥洛夫的论文。故该理论又称柯尔莫哥洛夫–蔡廷复杂度,但鲜有"蔡廷定理"的叫法。——译者

证明任何一个具体的数是随机的,其困难之处在于:一个随机数的每一位数携带一个正信息,由于不能由前一位数预期这一位数,因此一个无穷随机序列比所有有穷数逻辑系统的总和包含的信息还多。但是,由于几乎所有的实数都是无限不循环的数字序列,我们发现,几乎所有的数实际上都是随机的。然而,识别任何一个如此序列的随机性却超出了逻辑证明的能力。我们再换一个思路考虑这个问题,为了写出一个"任意长"的无模式序列,我们需要给出生成序列中每一位数的一种生成规则。但是这个规则的长度比这个序列的任何一个固定的前段的长度都短,因此,这个序列根本不可能真正是随机的!蔡廷定理就是从这个角度入手给出了哥德尔思想的另一个版本:

哥德尔定理——复杂性版本

存在具有高复杂性的、不能由计算机程序生成的数。

蔡廷定理说的是,如果我们有某个程序,总存在能由这个程序生成的一个最复杂的有穷数 t。然而,我们可以很清楚地看到,同样存在具有复杂性大于 t 的数,例如可以通过简单地抛掷硬币 t 次以上来构造这个数的二进制数串,出现正面写1,出现反面则写0。

值得思考的是,蔡廷的结果对于我们发现或创造科学理论和科学定律的能力,以及我们对自然和人文现象的观察进行概括的能力都强加了一个极限。假定 K 表达我们关于数学、物理、化学和所有自然科学的最新知识,M 表示一台UTM,它的推理能力相当于最专业和最具智慧的人的能力,那么,我们能够估算出蔡廷定理中的数 t 的值是

$$t = 复杂性 K + 复杂性 M + 100 万$$

其中,最后一项在估算计算机 M 的程序的资源占用时舍去。为了估计 K 和 M 的复杂性,逻辑学家和科幻小说家拉克曾提出如下思路:首先,假定满足复杂性 K 的知识容量大约是1000本书,这些书每一本的平均

容量用ASCII码表示是800万比特（100万字节），于是，整个K的复杂性大约相当于1000×800万=80亿比特。这是一种估计K的复杂性的合适的方法。对于M，使用类似的方法，拉克认为，我们要了解UTM的每一件事情，用另外1000本平均容量的书中所含的信息量来刻画是可能的。假定如此，M的复杂性也相当于80亿比特。因此，t肯定小于160亿比特。

基本思路是，如果世间任何现象生成的观察数据的复杂性大于160亿，那么，没有机器M（即人类）能够证明存在某个较短的程序（即理论）来解释这个现象。于是，人们把托姆关于科学理论的这种思想称为减少任意性工具（arbitrariness-reducing tools）。蔡廷的工作是说，我们的科学理论对于复杂性大于160亿的现象的说明基本上是无能为力的。但要注意，蔡廷定理还说，这台机器永远也不能告诉我们，对于这些现象是否不存在一个简单的解释。或者说，即使存在这样的"简单"解释，我们也永远不能理解它——它对我们太复杂了！30亿的复杂性表达了人类推理能力的外部界限；超过这个界限，我们就将进入"朦胧地带"，理性和系统化分析就将让位于直觉、洞察、感觉、预感和意会。

尽管在讨论图灵机时，我们没有着重强调，至少原则上，利用这样一台计算装置所能做的事情之一，应当是寻求所有的算术真命题，然而，我们可以从图灵对停机问题的解以及停机问题与希尔伯特判定问题之间的等价了解到，也可以从图灵机和形式系统之间的真正对应了解到，不存在能列举出所有算术真命题的程序。有趣的是，我们可以用这些术语重新表述哥德尔定理。称一个程序P是**正确的**（correct），如果它永远不会列举出算术的假命题。于是，一个被P遗漏的真理是一个不能由P列举出的真的算术命题，按照这个定义，我们有

哥德尔定理——计算机程序版本

存在一个计算机程序 $\widetilde{P}$，使得：如果 $\widetilde{P}$ 是一个正确程序，那么当应用于 P 时，$\widetilde{P}$ 产生一个被 P 遗漏的真理。

哥德尔定理也完全可以再次诉诸图灵机和形式系统之间的对应，由关于复杂性的蔡廷定理的几乎是普通的推论直接得出。假如给定了一个一致的形式系统 F，蔡廷定理说，可以证明存在具有复杂性大于 F 的数。换言之，F 是不完全的。这等价于另一版本——我们在前面用图灵机程序描述的复杂性版本的哥德尔定理证明。

值得关注的是，蔡廷关于复杂性的理论不过是这位"大厨"日后成就的"开胃菜"。其"主菜"指出，存在完全超出了推理的有限规则限度的算术事实。蔡廷证明的是，尽管我们能清晰地陈述这些简单命题，但是，**几乎在所有方面，它们的真或假也可以用抛掷硬币的方式决定；它们完全地，而且永远超越人类心智能明确解决它们的界限。** 下面，让我们完成与这个惊人结果相关的对哥德尔定理的全面考察。

希尔伯特第十问题

如果让人说出历史上排名前十位的定理的名字，每个数学家都会给毕达哥拉斯定理一席地位，它与图9.2所示的直角三角形的边长有关。毕达哥拉斯定理说，如果 a 和 b 是这个直角三角形两直角边的边长，c 是斜边的边长，则 $a^2 + b^2 = c^2$ 对所有 a, b, c 永远成立。

毕达哥拉斯定理是包含三个变量 a, b, c 的多项式方程的一例，这个方程的解就是满足等式的 a, b, c 的值的集合，例如像 $a = 1, b = 2, c = \sqrt{5}$。有特殊数学意义的是所谓的**丢番图方程**（Diophantine equations），这是我们能在整数范围内（而不像上例包含了非整数量 $\sqrt{5}$），找到它的解的

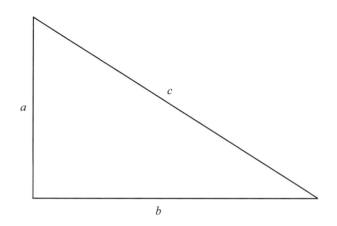

图9.2 毕达哥拉斯定理：$a^2+b^2=c^2$

一类多项式方程。例如，我们可以看出，$a = 3$，$b = 4$，$c = 5$这三个量形成丢番图方程的一组整数解。于是，如果我们考虑与a，b，c相关的，以毕达哥拉斯定理形式表达的方程，而且只承认整数解，那么，它就可看作丢番图方程。因此，对于**丢番图**一词，我们更感兴趣的是求得丢番图方程的解集，而不是方程本身。

一个给定的多项式方程的解的数目可以有穷也可以无穷，这取决于我们是否把它看作一个丢番图方程。例如，表达毕达哥拉斯定理的方程的非整数解和整数解可以有无穷多。另一方面，丢番图方程$a^2 + b^2 = 4$只有4个整数解$a = \pm 2$，$b = 0$和$a = 0$，$b = \pm 2$。但是它有无穷多非整数解（例如，a是$+2$和-2之间的任何实数，$b = \sqrt{4 - a^2}$）。如果把它看作一个丢番图方程，它只有一个有穷的解集。但是如果把它看作一个一般的多项式方程，它就有无穷多解。［顺便说一句，当n是大于2的整数时，丢番图方程$x^n + y^n = z^n$是否有正整数解的问题，曾是数学中最著名的未解问题之一，即费马猜想，在1993年被怀尔斯（Andrew Wiles）证明后已变成费马大定理。］这里涉及的丢番图方程问题，是从丢番图方程解集的性质与UTM的停机问题之间的奇妙联系中产生的。

前面我们曾提及，希尔伯特在1900年巴黎国际数学家大会上的著名演讲中给出了未来新世纪要解决的一系列数学问题。问题清单上的第十个问题就是丢番图方程问题。希尔伯特问，是否存在一种一般性算法，能判定任意的丢番图方程是否有解。仔细考察，希尔伯特在这并没有要求一种判定任意丢番图方程的解集是否是无穷的程序，而仅仅要求一种能判定是否有任意解的算法。

这个问题转化为，是否存在一种列出任意丢番图方程解集的算法。原则上，我们所要做的是，判定解集是否为空集，也就是运行这样的程序，如果没有解，就停止程序运行。困难之处在于，可能要经过很长时间（甚至无穷长时间！）才能判定一个解是否会出现。例如，一个看上去很简单的丢番图方程 $x^2 - 991y^2 - 1 = 0$，它的第一个整数解是：

$x = 379516400906811930638014896080$

$y = 12055735790331359447442538767$

试想，等这样一对数出现我们要花多长时间，要在计算机键盘上敲多少次才行！这个例子表明，解决希尔伯特第十问题，我们不可能只靠蛮力搜索方程的第一个解。这个解可能不存在，或者可能太大而很难找到。在这两种情况下，直接搜索都不能保证能够得到关于一个特定方程的可解性的正确答案，因此需要更机智一些的策略。

第二次世界大战刚结束后，戴维斯（Martin Davis）还是纽约市立大学的数学研究生时，读到了他的一位老师波斯特关于希尔伯特第十问题"寻求一个不可解性证明"的论文。经过戴维斯多年的努力，加之朱利亚·鲁滨逊（Julia Robinson）和普特南（Hilary Putnam）的重要贡献，这个问题后来归结为证明：如果存在一个丢番图方程，它的解完全以一种特殊的爆炸性方式呈现，那么，希尔伯特第十问题在否定的意义上将得到解决。不幸的是，没有一个人能够证明存在这样一个特殊的对象。直到1970年列宁格勒数学研究院22岁的数学家马季亚谢维奇（Yuri Matiyasevich）发现了一例类型奇特的方程时，问题才有了转机。有趣的是，马季亚谢维奇具有决定性的策略是把斐波那契数列用于构造希尔伯特问题的解。该数列是意大利数学家斐波那契（Leonardo Fibonacci，别称比萨的列奥纳多）1202年为了解释野生兔子种群暴发而提出的，它描述了众所周知的兔子繁殖特性。马季亚谢维奇恰好需要这种快速增长模型，从而明确给出了希尔伯特又一猜想的否定答案。

马季亚谢维奇证明的一个有趣推论是，存在一个多项式，如果其变量 a, b, c 等取全部正整数为值，那么这个多项式本身的正数值恰好是素数集合。为了更具体地阐明这个关键性结论，研究者已经构造出这样一个包含26个变量的多项式，它的正数值集合与素数集合相吻合。

至此，读者应该对判定问题的否定解和哥德尔定理之间的关系高度敏感了。因此，在继续探讨丢番图方程和停机问题之间的联系之前，让我们再次停下来考察一下哥德尔定理的丢番图方程版本：

哥德尔定理——丢番图方程版本

存在一个没有解的丢番图方程——但没有数学理论能够证明这一点。

马季亚谢维奇对希尔伯特第十问题精彩的否定解，实际上聚焦于鲜为人知的事实，即任何计算都可以编码为一个多项式。换言之，对每个图灵机，都存在一个与之等价的丢番图方程，这个方程的解的特性严格反映对应图灵机的计算能力。于是，不仅仅是形式系统与图灵机完全一致，而且图灵机与丢番图方程也完全一致。蔡廷最近关于算术随机性的研究结果在丢番图方程的普遍化类型范围，即在被称为**指数丢番图方程**（exponential Diophantine equation）的范围内获得了重要应用。

我们所看到的、满足毕达哥拉斯定理且带有像 a, b, c 这样变量的丢番图方程的标准型，可以由某些整数幂生成（如毕达哥拉斯定理的情形是2次幂）。即在一个指数丢番图方程中，变量可以以其他变量为幂。

例如，$a^b + 5c^3 - d^{3e} = 0$就是这样的方程，其中我们看到，变量 a 和 d 就以其他变量为幂。蔡廷的工作采用了这样一个方程组，其中的每一个方程都能通过遍历自然数的一个单变量 k（称为**参量**）的值来区分。例如，方程 $ka^2 + 3b^c = 0$ 就是这种类型的无穷方程的例子，因为，当我们令参量 k 取值为 $k = 1, 2, 3, \dots$ 时，我们就得到个体的指数丢番图方程：$a^2 + 3b^c = 0, 2a^2 + 3b^c = 0, 3a^2 + 3b^c = 0$，等等。

蔡廷的工作建立在琼斯（James Jones）和马季亚谢维奇获得的一个结果的基础上，其大意是，当且仅当一台 UTM 的第 k 个计算机程序（即这个程序的哥德尔数是 k）曾经停机，他们可能找到这样一个只带一个参量 k 的指数丢番图方程组，使得其中的方程对 k 的一个给定值有解。当然，这个结果清楚地表明，关于丢番图方程可解性的希尔伯特第十问题与停机问题是完全等价的。现在，让我们来看看，蔡廷如何扩展这些思想以期证明，现实生活中根本不存在任何确定性——即使在数的世界内也是如此。

Ω是极限

在纽约约克镇高地的 IBM 研究实验室理论物理分部，深深掩藏着一个极其小巧的办公室。其简朴的家具包括一个光板桌子，三个空书架，一个干干净净的篮球，墙上挂着一幅复制的莫奈风景画，还有一个计算机终端。在做了 20 多年 IBM 的销售员、系统工程师和程序员之后，格雷戈里·蔡廷把这个办公室叫做家。1987 年蔡廷正是在这间陋室里拥抱幸运之神的，《洛杉矶时报》记者 1988 年 6 月 18 日报道，"蔡廷的论文使世界受到震惊"。什么样的数学结果能使一份国际大报如此惊喜？实际上，不过是一个关于算术结构本身是随机的结论证明。这一结果肯定与数学真理、证明以及以前所知的确定性等惯用语密切相关。让我们看看蔡廷是如何通过推广哥德尔定理得到这个惊人结论的。

假定我们有一台UTM，考虑能在这台机器上运行的所有可能的程序的集合。正如我们所知，每个这样的程序都可以用0和1的二进制数串列出，所以，可以用每个程序的ID数给它自己"命名"。于是，考虑一个接一个地列出这些程序，以及谈论列出的第 k 个程序都是有意义的，其中 k 遍历所有的正整数。现在，思考如下问题："如果我们随机地从列出的表中找出一个程序，当它在UTM上运行时，停机的可能性如何？"或者，等价地，我们能从UTM的一个固定的程序出发，对于一个随机的输入串问同样的问题吗？正是这个与丢番图方程的可解性问题密切相关的问题，最终导出了蔡廷的惊人结果。

蔡廷迈向最终的随机性的关键一步是，不考虑丢番图方程是否有某个解，而是把问题分解为，方程的解集数目是无穷的，还是有穷的。问这个更具体的问题的理由是，回答最初的提问对于不同的 k 值在逻辑上是不独立的。换言之，如果对于一个特定的 k 值，我们知道是否存在某个解，那么，这个信息可以用来寻求对其他 k 值的相关答案。但是，如果我们问，是否存在无穷多个解，答案对每个 k 的值都是逻辑上独立的；对于其中一个 k 值建立的解的有穷性（或非有穷性）的知识，并不能对于另一个值给出同一问题的答案的任何信息。

对基本问题进行重新表述之后，蔡廷的下一步工作真正是一个独创。他相继构造了一个特殊的由单个参量 k 规定的、超过17000个附加变量的指数丢番图方程组，我们记这个方程为 $\chi(k, y_1, y_2, ..., y_{17\,000+}) = 0$，这里希腊字母 χ（发音 chi）代表对蔡廷的尊敬。从这个方程出发，我们可以按如下方式形成一个特殊的二进制数串：当 k 相继假定取值 $k = 1$，2，3，...时，如果蔡廷的方程 $\chi = 0$ 对于 k 的值有无穷多个解，就在我们的数串第 k 位插入一个1；如果蔡廷的方程 $\chi = 0$ 对于 k 的值有有穷多个解（包括无解），就在数串第 k 位插入一个0。如我们所知，通过这个过程所形成的二进制数串代表一个实数。蔡廷把这个数叫 Ω，因为它是最后一个希腊字母。另一个恰当的理由是，Ω 的特征表明它是人的心智可能达到的"极限"(The End)的一个极好的近似。

蔡廷首先指出，Ω 的特质是：它是一个不可计算数。进一步，他证明：任何具有有穷复杂性 N 的程序至多能提供 N 个 Ω 的二进制数串。由于不存在比 Ω 自身短且可产生它所有二进制数串的程序，因此 Ω 是随机的。此外，Ω 的二进制位串在统计上和逻辑上都是独立的。最后，果我们在 Ω 前面加一个小数点，它代表 0 和 1 之间的某个小数，那么，当我们把 Ω 连同一个随机选出的程序一同引进时，Ω 就可被解释为 UTM 停机的可能性——或者解释为一个固定程序在引入一个随机的输入时停机的可能性。实际上，蔡廷严格地构造了他的方程，使得 Ω 可用来表示停机的可能性。

于是，尽管图灵曾考虑过带有一个给定输入的一个给定程序究竟能否停机的问题，但蔡廷把它推广成了一个随机选出的程序停机的可能性问题。两个极端的情况，如 $\Omega = 0$ 和 $\Omega = 1$，显然没有什么价值。因为第一种情况意味着没有程序会停机，第二种情况意味着每个程序都会停机。普通的但可接受的程序 STOP 处理第一种情况；我们请读者去构造一个相应的处理第二种情况的原始程序。

然而，真正惊人并且让《洛杉矶时报》的编辑振奋的是，Ω 的构造及其特性表明算术根本上是随机的。为了看清为什么，让我们取某个有穷的但"充分大"的整数，例如某个大于第六章中谈到的忙海狸函数值 $BB(12)$ 的数。对于大于这个数的 k 的值，无法确定 Ω 的二进制数串中第 k 个数字是 0 还是 1。而且，存在无穷多个这样的不可判定数字，每一个都对应于如下简单而明确的算术事实：对蔡廷的方程 $\chi = 0$ 中 k 的值，该方程或者有有穷多个解，或者有无穷多个解。但是，人类理性走得更远，两种可能性实际上还是可以通过掷硬币的方式判定；它是完全的，而且永远是不可判定的,因此,是**能行随机的**(effectively random)。

蔡廷的工作表明,存在无穷多个带有确切答案的算术问题,不能利用任何公理化程序找到它们的解;它们并不,也不可能对应于任何形式系统中的定理。这些问题的答案是不可计算的,而且也不能归结为其他数学事实。通过延伸爱因斯坦关于上帝、骰子和宇宙的名言,蔡廷描述此种情形时可以说,"上帝不仅在量子力学中掷骰子,甚至在整数中也掷骰子"。用下面一段对哥德尔的赞美之词总结这一节是非常恰当的:

哥德尔定理——掷骰子版本

存在一个不可计算数 Ω,它的二进制数对应于无穷多个能行随机的算术事实。

这个工作加强了算法信息论的内蕴,即随机性的基础性地位就像纯粹数学对于理论物理学一样基本。它也进一步支持了数学中的"实验数学"和"拟经验数学"观,即尽管数学和物理学有所不同,但这种不同大体上只是一个程度问题。物理学家习惯基于如下假设工作:他们解释大量数据,但这种解释最终很可能与实验结果相矛盾。数学家并不喜欢这类的"尝试性";他们期望逻辑确定性。当一个猜想变成一个定理,它将永远是一个定理!甚至在哥德尔和图灵指出了希尔伯特的梦想不可能实现后,实际上大多数数学家仍然或多或少地承袭希尔伯特之衣钵。尽管最终计算机改变着我们行事的方式。在计算机上运行一个数学实验并获得某些结果很容易,但构造一个证明来说明结果却并非总是易事。为了竞争,数学家们有时被迫以更实用主义的方式着手实施他们的方案,就像物理学家所做的那样。关于 Ω 极限的结果为这类革命性数学研究方法提供了一个理论基础。

◇ 第十章

灵魂之窗

1931年,哥德尔已经掌握了运用严格的分析开辟一条通往令人迷惑的自指式思维(self-referential thinking)之路的艺术。他对新概念疆域的开拓精神表现在他学术生涯的各个阶段:早年,他在数学和逻辑领域取得了成功;第二个阶段,他又怀着重演早期成功的期望转向物理学问题探讨;晚年,他则主要致力于哲学问题研究。

哥德尔的数学哲学立场是坚定的柏拉图主义。他断言,数学对象存在于超越时空的某个领域——但是它们并不因此而缺乏实在性。用他的话讲就是,"我们对定量理论的对象有某种感知,而且,我们也形成了关于这些对象是建立在直接所予的某些东西的基础上的观念。"无疑,这是关于数学对象的柏拉图主义观点。对于柏拉图主义者,对象是直观呈现的,与此相对,直觉主义者和构造主义者却认为,它们是人的心智的发明物。

所以,像哥德尔这样的数学"实在论者",是用他的直觉去捕捉那些独立存在的数学对象,再应用逻辑分析的方法证明这些对象的性质。因此,数学直觉是达到认知目的的手段,而不单单是精神虚构的源泉。正如法国数学家和哲学家托姆指出的:"实在之声在于符号的意义。"我们发现,哥德尔关于实在之客观概念的柏拉图主义还与某种抽象的柏拉图理念的超感官知觉纠缠在一起。对于哥德尔而言,与物理学家质疑他们所研究的物质对象的实在性相比较，没有什么根据怀疑他所研究的数学对象的存在性。这些数学对象必定是存在于时空之外的，因而哥德尔后来开始对 ESP（超感官知觉）、来生以及各种变体的神秘主义感兴趣也就不令人吃惊了。

依哥德尔之见，我们不是在发明，只是在发现。我们或者用数学直觉去"看"和把握数学对象，或者不这样做。但是，即使当我们感知到了对象时，描述它们的语言手段也有极大的局限。哥德尔的不完全性定理因此也被看作一种"逻辑悲观主义"，尽管这是一种较为宽泛的推论。因为，如果形式化手段太弱，不能证明所有在更严格限定的形式系统中能够表达的真命题，那么，很显然，我们的精神工具——至少是形式的、演绎的手段——就会因为太弱而不足以理解作为更高复杂性系统的整个世界。然而，对哥德尔来说，这并不意味着我们不能一步步地逼近真理。

有趣的是，在哥德尔的最强硬的数学柏拉图主义观点中，也包含有直觉主义色彩。形式主义者和柏拉图主义者在关于数学对象的实在性问题上是直接对立的。但是，他们的研究方法和数学论证的原则是相似的。尽管哥德尔的数学哲学是直觉主义的，但他的逻辑方法是形式主义的，而他的智力构造却是逻辑主义的。因此，他的直觉主义的柏拉图主义立场并不是像布劳威尔那样的直觉主义，布劳威尔认为数学对象仅当它们能够真正被构造时才是存在的。哥德尔则坚持更强硬的立场：像数 π 和整数与实数之间无穷层次上的数这样的对象，它们的存在不依赖于是否能够被确切地构造出来。这是一种纯粹形式的古典柏拉图主义。

哥德尔的著名定理诉诸不可穷尽性（inexhaustibility），不仅是数学上的不可穷尽性，而且是一般意义上的人类智能的不可穷尽性。为此，哥德尔定理也有相当程度的矛盾之处。一方面，它是 20 世纪最重要的极限结果,打破了人类已坚持两千多年的关于完全的、无矛盾的知识体系的梦想。为了建立关于人类全知全能的梦想的极限,哥德尔秉承了哥白尼、达尔文和弗洛伊德的传统。另一方面,通过对人类知识的相对性的发现,哥德尔坚信人类精神和人类直觉的胜利和必然性。

让我们引用哥德尔关于人的心智无限性的观点,作为我们对哥德尔巨大成就的总结:

人类精神是不可能形式化(或机械化)所有数学直觉的。即如果我们能够成功地形式化它的一部分,这个事实就恰好需要一种新的直觉知识,例如,这种形式主义的一致性知识。

这话已经说足了!

参考文献

1. Dawson, J. *Logical Dilemmas*. Wellesley, MA: A. K. Peters, 1997.

关于哥德尔生活和工作的最好的一本传记。道森曾负责分类和整理哥德尔的文章,因而他对哥德尔许多未发表的文章和笔记有近水楼台之利,这些优势的很多方面都在这本佳作中得到了体现。

2. Wang, H. *Reflections on Kurt Gödel*. Cambridge, MA: MIT Press, 1987.

王浩是一个杰出的逻辑学家,他同哥德尔对话和通信多年。这本书和下面列出的那一本,构成了这些讨论的一个记录和王浩对哥德尔生活与工作的解释及历史概述。*

3. Wang, H. *A Logical Journey*. Cambridge, MA: MIT Press, 1996.

继续讲述上一本书的故事。

4. Kreisel, G. *Kurt Gödel, 1906–1978*. London: Biographical Memoirs of Fellows of the Royal Society, Volume 26, 1980, pp.148–224.

著名的奥地利裔美国逻辑学家克莱塞尔对哥德尔生活和工作的一个较为全面的描述。该书思想营养丰富,特别是在哥德尔工作的哲学蕴涵方面,还穿插了许多有趣的历史背景。

5. *Collected Works, Vols. 1–3*. S. Feferman et al., eds. New York: Oxford University Press, 1986, 1990, 1995.

在逻辑、哲学、物理学和形而上学方面,哥德尔已发表和未发表的著作的最可靠的来源。

6. Hofstadter, D. *Gödel, Escher, Bach: An Eternal Golden Braid*. New York: Basic Books, 1979.

此书曾获普利策奖,它使哥德尔的名字第一次出现在公众面前。大量精彩的故事描述了哥德尔的不完全性,以及它同艺术、音乐和许多其他东西的联系。**

7. Dawson, J. "Kurt Gödel in Sharper Focus." *Mathematical Intelligencer*, Volume 6, Number 4, 1984, pp. 9–17.

此表所列第一本参考书的通俗概要。外行人易读。

8. Taussky-Todd, O. "Remembrances of Kurt Gödel." *Gödel Remembered*, Salz-

---

* 中译本:《哥德尔》,王浩著,康宏逵译,上海译文出版社,1997年。——译者

** 中译本:《哥德尔、艾舍尔、巴赫——集异璧之大成》,侯世达著,郭维德等译,商务印书馆,1996年。——译者

burg, Austria, July 1983. Naples, Italy: Bibliopolis, pp.29–41.

陶斯基–托德是与哥德尔同时在维也纳大学做研究的一名杰出数论专家。这本回忆录既有她对那些日子的记述，也包含诸多方面有价值也很有趣的信息，描述了当年塑造哥德尔数学和哲学观点的知识氛围。

9. Rucker, R. *Mind Tools*. Boston: Houghton-Mifflin, 1987.

是关于哥德尔工作的许多激动人心主题的讨论，包括复杂性、蔡廷定理、无穷和许许多多其他事情。外行人可读，强力推荐。

10. Chaitin, G. *The Limits of Mathematics*. Singapore: Springer, 1998.

算法信息论发展的第一人称的讲述。还包括一些实际计算位串信息内容下限的计算机程序。

图书在版编目（CIP）数据

逻辑人生：哥德尔传/（美）约翰·L. 卡斯蒂（John L. Casti），（奥）维尔纳·德波利（Werner DePauli）著；刘晓力，叶闯译. —上海：上海科技教育出版社，2023.6
ISBN 978-7-5428-7937-0

Ⅰ. ①逻… Ⅱ. ①约… ②维… ③刘… ④叶…
Ⅲ. 哥德尔（Godel, Kurt 1906-1978）—传记 Ⅳ. ①K837.126.11

中国国家版本馆CIP数据核字（2023）第054266号

责任编辑　王世平　刘丽曼　顾　擎
封面设计　符　劼
版式设计　李梦雪

LUOJI RENSHENG
逻辑人生——哥德尔传
［美］约翰·L. 卡斯蒂　　［奥］维尔纳·德波利　著
刘晓力　叶　闯　译

出版发行　上海科技教育出版社有限公司
　　　　　（上海市闵行区号景路159弄A座8楼　邮政编码201101）
网　　址　www.sste.com　www.ewen.co
经　　销　各地新华书店
印　　刷　上海商务联西印刷有限公司
开　　本　720×1000　1/16
印　　张　9.75
版　　次　2023年6月第1版
印　　次　2023年6月第1次印刷
书　　号　ISBN 978-7-5428-7937-0/N·1182
图　　字　09-2018-1043号
定　　价　39.80元